老い上手

僧侶と高齢期の研究者が
語り合ったこと

NPO法人
「老いの工学研究所」
理事長
川口雅裕

はじめに

高齢期に関する研究を始めたのは12年くらい前、「終活」という言葉が「ユーキャン新語・流行語大賞」の候補になった頃である。当時は高齢者研究や老年学と言えば、医療や介護等に関連する人たちが手掛けるものだった。近年はそれが様変わりし、多様な分野の人たちが高齢者に関わる研究に加わるようになっている。

理由は、高齢者自身や研究者たちの関心が、「身体的な健康の維持」にとどまらず、幸福や心の健康、暮らしの充実や生活の質の向上といった面に広がっているからだ。最近では、医学者においても、「高齢期の健康維持には生活環境や交流が重要」と、医療とは直接的には関係のない主張をする人が増加しているようである。

私の研究の軸は、高齢期の幸福と生活環境との関連を明らかにすることである。一例を紹介すれば、2024年の3月に300名を超える高齢者に調査票を配付し、「幸福感と、近隣に住む人に対する感情の関係」について分析した。

結果は、近隣に住む人への信頼感や親近感が高いほど、主観的幸福感（自分が幸福であると感じている度合い）も高いことが明らかになった。主観的健康感（自分が健康であると感じている度合い）についても同じ傾向が見られた。高齢期に幸福や健康を求めるのであれば、良好なコミュニティの中で暮らすことが有効であると言えるわけだ。

話を聴くという活動

このような調査も大事だが、実際に高齢者に会って話を聴く活動も欠かせない。話を聴くことで生まれる新たな気づきは、論文や本などを読んで得られるものとは違うからである。

以前、お話をうかがったシンガーソングライターの加藤登紀子《かとうときこ》さんは、「若いときより、今の私のほうが歌はうまい」とおっしゃった。若い頃は我流で力任せに歌っていたが、年をとってボイストレーナーに付いて学び、声の出し方を理論的に理解できたことや、シャンソンにまつわる歴史への造詣《ぞうけい》が深まったことがその理由だという。「生涯発達」というのセオリーを本で読むよりも、このような「高齢期も発達・成長できる」という実感を直《じか》にうかがうほうが、はるかにストンと納得できる。

ノーベル物理学賞を受賞された理論物理学者の故益川敏英《ますかわとしひで》さんは、「私学連合を作りたい」とおっしゃった。私立大学一つひとつの研究費は小さいけれど、集まれば資金を大きくできる。そうすれば、有望な研究に今よりもっとお金がかけられるという構想で、当時4つほどの大学が賛同しているということだった。さすがは素晴らしい構想だと思ったが、そのあと「100年後かも」とおっしゃるので拍子抜けした。しかし、インタビューが終わって帰り道で気付いたのは、目標は自分が達成しなくてもいいのだということだった。夢を掲げて、できる限り自分で進めるけれど、あとは後進に期待して託す。生き様というか、死に方と言えばいいのか、それこそ高齢者の理想的な在りようではないかと考えさせられたのである。

もちろん著名な方ばかりではなく、セミナーが終わってから参加者の方と話をするなど、様々な機会を捉えて、様々な方の話を聴くようにしている。これまでもっとも多く、話を聴く機会を提供していただいたのは、高齢者住宅の「中楽坊《ちゅうらくぼう》」さんで、私のフィールドワークの場と言ってもよい。（入居者には勝手に決めるなと叱られそうだが）。中楽坊は現在販売中のものを含めて10棟（２０２４年12月現在）あるが、入居者の皆様からは本当に多くの気づきをいただいているし、励ましもいただく。実は今回、こうして書籍化された家田荘子さんとのトークショーも、「中楽坊」さんの企画によるものなので感謝しかないのだが、それはそれとして、なぜ私が「中楽坊」をフィールドワークの場としているのか、そして「中楽坊」とは何かといったことを、少し長くなるが、述べてみたい。

「中楽坊」の空気と音

「中楽坊」に、夕方お邪魔すると、洗面器を持った方が何人も行きかっている。上階にある自宅から1階の大浴場に行くところ、大浴場から自宅へ帰っていかれるところだ。その光景は、昔よく見た銭湯に行き来する人たちの姿に重なる。湯治場《とうじば》の風景のようでもある。取材すると、「中楽坊」の大浴場では話がやたらとはずむらしい。（それを「風呂友」と呼ぶようだ）。しゃべりすぎて、のぼせてしまったケースも何件かあったようで、「長風呂、長話には注意」といった貼り紙がしてあるのは何やら微笑《ほほえ》ましいが、考えてみれば、こうやって昔あったような銭湯の風景が現代に再現されているのは驚きである。

1階の共用部の空気は明るく、いつも穏やかで和《なご》やかで賑やかである。耳を澄ませばよく分かる。朝は「おはよう」「いってらっしゃい」といった挨拶が聞こえてくる。その声に形式ばった感じやよそよそしさはなく、自然で軽やかである。しばらく経つと、娯楽室から卓球、歌声、マージャン牌、吹き矢をするスペースを確保するために机を移動させる音……、いろいろな音が聞こえてくる。レストランでは話し声や笑い声がするし、そここで立ち話や井戸端会議が行われている。入居者とスタッフは、年齢はかなり違うだろうが、まるで親子か友達同士のように、いかにも楽しそうにしゃべっている。そんなちょうどよい程度の音や声が響く中、一人で本を広げて読書にふける人もいる。本なら自宅で読めばいいのに、わざわざ1階まで下りてきているのだから、それはこの共用部の心地よさを示す何よりの証左であり、入居者の皆さんにとっての、まさに「居場所」なのである。

この空気を感じれば、「中楽坊」が、一般的な老人ホームやサ高住（サービス付き高齢者向け住宅）、介護施設とは全く違うということが誰にでも容易に分かるだろう。仕事柄、いろいろな高齢者の住まいや施設を訪れるが、正直なところそれらにあまり違いはない。

建物や設備、サービス内容が違うくらいで、それなら行かなくてもパンフレットを読めば分かる。それらとは一線を画す「中楽坊」。ここにしかないこの雰囲気は、なぜ、どのようにして生まれているのか。この謎、問いに引き込まれてしまったのが、私が「中楽坊」をフィールドワークの場としている理由である。

「中楽坊」とは何か

先日、ペットと人との共生を推進する公益社団法人の方がお見えになった。「中楽坊では高齢者住宅としては珍しく、ペットを飼えると聴いた。その趣旨と実際のところを訊《き》きたい」ということで、〝中楽坊ウォッチャー〟としての私を訪ねてこられた。私もその点は知らなかったので、管理サービスを行っている部署の責任者の方に尋ねてみた。

ペットを飼えるようにした趣旨は、次のようなことである。高齢期には、誰もが様々な喪失を経験する。身体的能力、仕事・収入、配偶者や友人といった大切なものを失うのは避けられない。（一方で、創造・表現・洞察の力、時間や機会といった、年を重ねたからこそ得られるものも多いが）。したがって、高齢期を心豊かに暮らすには、何によって喪失を埋めるかが重要な課題となる。ペットはそのうちの一つであり、排除すべきではない。また、実際の状況については、現在入居済である8棟の、すべての管理規約においてペットの飼育が可能で、約１０５０世帯のうち11%の世帯でペットが飼われている。

感心したのは、これまでペットが原因となったトラブルは1件も報告されていないということだった。老人ホームやサ高住などでペットが飼えないケースが多いのは、飼っている人と、ペットが嫌いな人との間でトラブルが起こることを恐れるからである。たぶん、現実にそれなりの数のトラブルが起こってきたから、そういう規則になっているのだろう。では、なぜ中楽坊ではトラブルが起こらないのか。ここに、中楽坊の本質があるように思える。

ペットを原因とするトラブルがないのは、おそらく「飼っている人が、ルールをしっかり守っているから」ではない。ポイントは、「中楽坊」にある質の良いコミュニティや人間関係にある。自分が属しているコミュニティを大切にしたいと思っていれば、ペットを飼っている人は自制的行動をしようとするし、同時に、隣人たちはペットを飼育する人の気持ちを理解し、寛容でいようとするからである。貧弱なコミュニティやギスギスした人間関係のもとでは、ペットにしろ何にしろ、どんなにルールを作ったって物事はうまく解決しない。逆に、コミュニティや人間関係がしっかりしていれば、ルールがなくても何かが起こるたびに、協調的に柔軟に合意形成が図られ、問題は解決されていく。それは日本が元来持っていた美点や強さであり、昔の日本にとっては当たり前のことだったはずだ。要するに、中楽坊におけるペットのトラブルゼロは、コミュニティの重要性を端的に表しているのだろうと思うのである。

このような観点から言えば、「中楽坊」は外形的にはマンションだが、本質的にはコミュニティである。普通のマンションであれ老人ホームであれ、集まって住んでいるだけでコミュニティに見えてしまうから、あえて中楽坊コミュニティを違う言葉で表せば、「共同体」ということになる。中楽坊とは、集まって住むことによって喪失を埋め合い、助け合いながら、一緒に高齢期を楽しむための共同体である。それは、戦後、みるみるうちに細っていった我が国の地域コミュニティを、現代に再生させようという挑戦にも見える。日本人が心豊かに生きるには何が必要かを、問いかけるものでもある。これが、中楽坊をフィールドワークの場としてきた私の感想である。

家田荘子さんとの対話

その「中楽坊」さんから、「家田荘子さんとトークショーをしませんか？」というオファーがあったのが2023年の春頃。「なぜ私？」とは思ったが、以前から宗教家と話がしてみたいと思っていたので興味が湧いた。「死」や「老い」について考えるとき、医学など、科学からのアプローチばかりでは深みに欠ける感じがあったし、死の教育で知られるクリスチャンで、上智大学名誉教授の故アルフォンス・デーケン氏の著作にも触発され、何らかの宗教的な観点からの気づきが欲しいと思っていた。それに家田さんと言えば、『極道の妻たち®』を読んだし映画も見たので、作家としての顔にも関心を持った。

しかし、やる段になってちゃんと訊いてみたら、約半年をかけて6回シリーズだという。合計9時間である。一人の人と9時間しゃべったことなど記憶にない。（妻でも微妙なところだ……）。それも、聴衆がいる場所でライブでしゃべるわけなので、楽しんでもらうための配慮もいる。ここは大阪だから、いい話では満足してもらえず笑いも求められる。かと言って、あまりに笑いに走ると家田さんに怒られるかも……。いろいろと考えが巡って、一瞬めまいがしたが、ここまできて腰が引けたら格好が悪いし、もはややる以外にない。そもそも、中楽坊さんが企画したものを断れるほど私は偉くない。

第1回は、2023年9月22日。大阪市の淀屋橋《よどやばし》にある「中楽坊情報館」で行われた。会場は満員である。（さすがは家田さんだ！）。この回は、反省しか残っていない。思い出すのもイヤになる。原因は私の勉強不足である。基本的に私は聞き手であったのだが、家田さんがやっておられる「行《ぎょう》」のこと、祈りのこと、高野山《こうやさん》のことなど、ほとんど何も勉強せずに臨んでしまった。事前学習は、家田さんのYouTube（10万人超のチャンネル登録者がいる）やX（旧ツイッター）をチェックしていたくらいだったので、その結果、話がなかなか深まらなかった。密かに意識していた「笑いの量」も、こなれてきた第5回や第6回に比べれば、半分もいかなかったと思う。そんな状況に私はどんどん焦りが募り、精神的にいっぱいいっぱいになってしまって、90分の予定が80分で終わってしまうという失態となった。参加者には申し訳ないことをした。

11月に行われた第2回からは、それなりに務められたが、痛感したのは、講演のような形式で一方的にしゃべるより、対話を人前で見せるほうがよっぽど難しいし、しんどいということだ。講演だと大して頭は使わない。決めてきた話、いつもしている話をする分には考えなくてもいいし、笑ってもらうには定番のネタを披露すればいい。講演で疲れるのは足くらいである。（立ち方が悪いのかもしれない）。ところが対話は、講演に比べてとんでもなく頭を使う。（全6回を通じて台本はなかったから）本気で相手の話を聴かねばならないし、本気で次の質問や展開を考え続けなければならない。さらに、笑いを入れようとすると、どうボケるか、どうズラすかといったことも考える。家田さんにも会場の空気にも常に敏感でなければならない。疲労度は講演の比ではなかった。

それでも、第3回（2024年1月）からは少しずつ慣れてきた。第4回（2月）、第5回（3月）、第6回（4月）と徐々に良くはなっていき、ひどく疲れることもなくなった。会場の笑いも増えたし、何より家田さんに気持ち良くしゃべっていただけたような気がしている。（知らんけど）。だから今回、出版に当たって原稿を見ると、還暦にして恥ずかしいが、自分自身のちょっとした成長記録のようにも読めてくる。

対話を通じて感じたこと

前置きが大変に長くなっているが、もう少し我慢をお願いしたい。（イヤなことがあってもいつかは終わる、と家田さんもトークショーでおっしゃっていた）。

私はもともと、しゃべるより聴くほうが得意であり好きである。若い頃に10年くらい人事マンだったので、採用面接や社員面談を山のようにやってきた結果、今では意識しなくても人と会った瞬間から「聴く姿勢」をとってしまう。それに、しゃべるより聴いているほうがボロが出にくいし、しゃべるより聴いているほうが好感度が高くなるという法則も熟知している。もし得意技は？と聞かれれば、飲み会の場をしゃべらずに、聴いてつっこむだけで盛り上げることだと言うだろう。

それなのにトークショーの第1回に失敗したのは、「聴く力」「質問力」に対する過信が原因だったと思う。過信は老化の一側面である。「年をとって、プライドが捨てられない人が多い」とよく言われるが、知らぬ間に私は「聴く力」に過剰なプライドを持っていたようだ。もちろん周囲に「私は聴き上手だ」などと言いふらしていたわけではない（その時点で聴き上手ではない）から、まだ救いがあるが、それでもこの過信を戒めずにいると、あと10年も経ったら、「俺はこれが得意や」「俺はこんな実績があるんや」と自慢をまき散らすイヤなジジイになってしまうだろう。自分の中にそういうジジイになってしまう要素が芽生えているのに気付いたわけだ。

実際、60歳くらいになると、こういう自慢話や持論やご高説を話したがる輩《やから》がちらほら出始める。（聴く姿勢が染みついている私のような人間でも、そういう話には辟易《へきえき》する。辟易しているのに、自然にうなずきやあいづちを打ち、ナイスな質問をしてしまって、つまらない話をさらに掘り下げてしまったりするから聴き上手も辛《つら》いのである）。

誰でも年をとる。そこで起こる変化は肉体的なものだけではない。付き合いや機会も、自分を取り巻く環境も、様々に変化していく。高齢期を心豊かに楽しく過ごすには、それらに上手に適応し続けることが重要だが、プライドや先入観や持論や経験が邪魔をして、変化に適応する力を失いがちになるのもまた高齢期の特徴なのだろう。

今回のトークショーの参加者は、60代以上の女性が多く、家田さんへの質問も受け付けたところ、僧侶としての家田さんに、これからの人生における心の持ちようやものの見方・考え方を問うものが多数あった。それは、様々な変化にいかに適応していくか、その指針やヒントが欲しいということであったように思う。私も家田さんとの対話を通じて、心の在りようについて考えさせられたし、新しい考え方を伝授していただき、あれからなんとなく心が柔らかくなったように感じている。

さて、いよいよ6回にわたるトークショーをお聴きいただこう。私の緊張やワクワク感、家田さんの人となりや活動、人生観、人々や世の中への思いなどが、できる限りそのまま伝わればと思っている。そしてどこかに、読者の皆さんの人生のヒントに、心の豊かさにつながる言葉があれば、これ以上の幸せはない。

なお、迷ったのだが、トークショーをよりリアルに感じていただくため、私の言葉は関西弁のまま記した。(品のない男だと感じたら、それは読者の勘違いかと思います)。

川口雅裕

老い上手　目次

第2回 心の声に耳を傾けてみる

第3回　体と仲良くする、小さな習慣

第4回

私らしい〝健やか〟を見つける

第5回　悩みは人生の彩り

第6回　その日を笑顔で迎えるために

＊本書は、２０２３年9月から２０２４年4月にかけて行われたトークショー「人生お遍路」の内容をまとめたものです。
＊本書に出てくる名称や肩書き、年齢などは、特に明記がない限り、対談時のものです。

仲間の元気に励まされ
やめていた絵画を再び

第1回

作家と僧侶、自分らしい道を歩むヒント

2023年9月22日　中楽坊情報館にて

◎――祈るということ

川口　今日は初回ですので、家田さんご自身のことを、いろいろうかがいたいと思います。私は進行を務めます川口と申します。よろしくお願いします。

私、家田さんって怖い人かなと思ってたんです。何せ『極道の妻たち®』を取材して書いた人ですから。正直、ちょっとビビってたんですが……。控え室にご挨拶に行ったら、意外にも、と言ったら怒られそうですけど、優しい笑顔で迎えていただいて。今、わりと安心している状態です。今日はよろしくお願いします。

家田　よろしくお願いします☺。

川口　私、このトークショーが決まってから家田さんの「X」をずっとチェックしてるんですね。9月の初めに何日か、お遍路に行ってはりますよね。そして先週は山形、出羽《でわ》三《さん》山《ざん》に登ってらっしゃって。で、その合間に、あれ何て言うんですか？　すい……？

家田　「水行《すいぎょう》」です。

川口　水行。水かぶったりするのをやってらっしゃるんですね。

家田　水をかぶる、「みそぎ祓《はら》い」という行は毎日やってます……。私がほかのところでやらせていただいている水行は、そういうのでは全くなくて、白衣を着まして、深夜に海に入る「海行《うみぎょう》」です。海の水行は密行《みつぎょう》で、人に見られてはいけないんです。「滝行《たきぎょう》」は前は夜でしたが怖いので19年前に昼間に替えました。

川口　滝に打たれる？　テレビで見るような？

家田　テレビに映されるのは我慢大会や行「体験」の要素が強くて、「行」とは言えないものも少なくないのではと思います。基本、人に見せない行ですので。

川口　何か僕、今、すごいアホなことを尋ねてしまった気が……。

家田　いえいえ構いません。皆さんご存じないですから。

川口　すいません、もの知らずで。で、水行って深夜に海に出ると？

家田　深夜の海の水行は家からすぐ行けるような場所でやってるわけではなくて、日本海側のある場所まで新幹線を使って行っています。それで午前零時をはさんで前と後でやれば、2日間やったことになりますよね。だいたい夜の9時とか10時に1回目をやって、夜中の2時から3時は霊気が高くて、特に魑魅魍魎《ちみもうりょう》としたものが多くいて怖いので、3時を過ぎてから2回目をやります。

水行の日は、半年ぐらい前からホテルも押さえているので、新幹線が止まらない限りは行きます。たまに大雨や台風に重なることもあるし、決めた日に行っても満潮・干潮があるので、干潮で全く水がなくなって、水に流すという目的の行ができなくて、あらわになった海底の上で拝むだけのときもあります。

川口　あの……、ほんとに海に入るんですか？

家田　もちろんです、水行ですから。え？　どこで何をやると思ってました？

川口　いや、水浴びするぐらいかなと（笑）。

家田　海に入って、腕につけた数珠《じゅず》を水にシンクロさせるんです。そうすると、数珠に〝憑《つ》いていたものたち〟が流れていってくれるんです。でも、干潮で全く水がなくなっちゃうと流れていかないので、怖いものがみんなそこにとどまっているんです。だから干潮の時間を避けて行くんですけど、それでもどういうわけか、干潮の1時間以上前に行ったのに海水が全くなくなってるとか、そういう変な夜が時々あります。

川口　夜中、真っ暗な中で海に入るんですよね。それは危険だったりしないんですか。
家田　危険です。大波がバーンと来たりして。だから毎回、命がけでやっています。
川口　一人で？
家田　もちろんです。
川口　マネージャーさんも、相当心配するでしょう？
家田　うーん、何をやってるか知らないと思いますけど。でももう26年間、月に4回以上、毎回真剣に気を抜くことなくやらせてもらっています。どんなことをするかは密行なので言えませんが、かつて弘法大師空海《こうぼうだいしくうかい》がやっていたと言われている、内緒の行です。
川口　じゃあ、僕が「ちょっと連れてってください」というのは無理なんですね。
家田　はい（笑）。ただし、行をお仕事にされている人もいますから、そういうところに行けば参加できます。行者は命がけで素人《しろうと》さんを守らないといけないので、気軽な気持ちの方にOKを出すかどうかは行者さん次第です。私はお断りしますし、一緒に連れていくのを神様や仏様から「（この人は）ダメ」と言われることも度々あります。私は、コロナの収束とか、地震など災害が広がりませんようにとか、お人や国、世界のことをしっかり集中して祈りたいので、ほとんど単独でやらせていただいています。

◎──仏教の道

川口　家田さんが仏教の道へ進もうとされたのは、いつ頃ですか。

家田　26年くらい前です。もともとは修験道《しゅげんどう》なんですね。修験道っていうのは、山です。奈良に役行者《えんのぎょうじゃ》さんという有名な行者さんがいらっしゃいますが、修験道っていうのは、神様の行が多いんです。山自体が神様という霊山で、行をしたり、あとは水行などをしたり。先週に行った出羽三山の月山《がっさん》には、途中「行者返《がえ》し」っていう場所があって、岩がガーッと出ている険しく難しい場所なんですけど、そこに役行者さんが来たときに月山の神様が、「まだ修行が足りないから、湯殿山《ゆどのさん》の滝に行って修行をやり直せ」と言って返したっていう場所なんです。それで役行者さんは湯殿山で修行をやり直して、月山を開いたという。

川口　26年間、宗教家として活動されている。遠方まで水行に行かれたり、山に行ったり。あの、そうすると作家活動のほうはどうなんでしょう。修行や僧侶としての活動の合間にされているんですか。どんなバランスで取り組んでいるんでしょうか？

家田 今、「合間」とおっしゃったんですけど、「合間」はダメです（笑）。神様、仏様、作家活動。すべて同じ大切なこととしてやっています。

川口 失礼しました。

家田 私は、アメリカの「エイズアトランタ」というボランティア団体で赤十字社のトレーニングを受けて、「ホーム・ナース・ボランティア」という資格をいただきました。その後の1年間、ジーナというエイズ患者さんである女性のお世話をしたことを、『私を抱いてそしてキスして〜エイズ患者と過した一年の壮絶記録』（文藝春秋）という本で書かせていただきました。

私が出入りしていた「エイズアトランタ」というボランティア団体は、日本のボランティア団体とは違って、資金を集めるボランティアから、患者さんを病院に送る運転手さんのボランティア、料理を作ってあげるボランティア、それから私がやっていた、看護師さんのまねごとを家でするホーム・ナースというボランティアなどなど、多くの皆さんが活動されていました。あと、弁護士さんや税理士さんなども、自分のお仕事以外でボランティアとしてヘルプされていたり、感染されている方々がエイズホットラインの受け手をされていたりもしました。

そこには感染されている方と発病した患者さんも来ていました。ＨＩＶウイルスに感染して免疫機能が損なわれると、いろんな病気が出てきます。それらの病気が出たときを「発病した」とエイズでは言いまして、かつては発病したら2年以内で命に関わると言われていました。今は当時とは違いまして、一つひとつの症状を抑える薬があります。ただ、感染しているのを「していない」状態に治す薬はまだないんです。そういうわけで、そのとき、出会った200人以上を亡くしました。

川口　それが、修行しようということと関連していると……？

家田　まだ話の途中です、先生。

川口　すいません。

家田　私は子どものときから、亡くなった方たちが視《み》えていました。ただ、それが何かのお役に立てるほどのレベルではなかったんです。「視える」とか「私は霊感が強い」など言う方たちがよくいらっしゃいますけど、同じレベルだったと思うんですね。エイズで亡くなった人たちが、みんな会いに来てくれるので、私は単純に会えて嬉しいと思っていました。ところが、みんなは助けを求めるわけです。苦しんで亡くなっていったので、「何とかしてくれ」と。

アメリカなので主にキリスト教ですけど、そういう宗派には関係なく、亡くなったときの苦しさが皆さんにありました。そして、向こうは「助けてくれ」って言ってるわけです。なのに私は「会えて嬉しい」なんて言っていたので、苦し紛《まぎ》れに皆、どんどん私のエネルギーを持っていってしまいました。それくらい苦しいんです。それで、私は原因不明の病気になってしまいました。日本に帰ってきて、いろんな病院に行っても原因が分かりません。そうしているうちに、ますますエネルギーがなくなっていくんです。病気というより霊障《れいしょう》ってやつでした。

そんなときに、「あなたみたいな人はちゃんと行をしたほうがいい」「皆さんがメッセージをくれているんだから、ちゃんと行をして、やるべきことをやらなきゃいけない」と言ってくれた人たちがいました。そこから修験道のする水行と霊山に登る霊山行などが始まりました。最初の霊山というのは四国の霊峰、石鎚山《いしづちさん》です。弘法大師空海が修行された山です。

川口　そういうきっかけですか。

家田　はい。それとは全然関係ないんですが、京都にある三十三間堂に二十八部衆がダーッといらっしゃるんですけども、入って2番目の方、那羅延堅固《ならえんけんご》という仁王様ですね。すごいファンキーで、筋肉質で大胸筋が8つに割れていて、仁王様なのにすごく顔がちっちゃいんです。すごく格好良くて、私はその方の〝推し〟で通ってたんです。そして何とかツーショット写真が欲しいと思っていたら、三十三間堂の方が「広報誌に載せます。ツーショットでもいいですよ」と言って撮ってくださって。「私、このお寺で自分のお墓が欲しいんです」と言ったんですけど「うちはお墓はやってない」って断られました。妙法院さんは天台宗なんです。のちに私は真言宗の僧侶になるのですが。

そのときに同行してくれていた人がＪＲ西日本の、京都の広告の仕事もされるような、京都にとても詳しく、お寺さんとも親しい関係の方で、東寺さんに連れていってくれたんですが、女性は僧侶として取らないと言われました（今は女性もＯＫです）。でも、すごく行に厳しいけど、あなたを自由にさせてくれるいい先生がいるといって、池口恵観《えかん》先生を紹介してくださったんです。プロ野球の選手たちが、火の護摩行《ごまぎょう》によく行く「炎の行者」といわれるところです。ここでやっと真言宗と弘法大師空海と出会えました。

このとき、やっと気付けたんです。私は修験道で神のほうの修行ばっかりしてたけど、頼ってきた人たちは苦しさから救ってほしいと言っている。神様というのは、どちらかというと祓うとか道を開いてくださるほうのお役目で、仏教というのは苦しんでいる人を救ってあげたり、亡くなった人を成仏させてあげるお役目だから、どちらも学びたいと思って、池口先生のところで得度《とくど》をしました。その後、修行をして、さらに高野山大学の大学院に入って勉強しました。

修行に入る前は、視えないものが視えるということで、雑誌でもテレビでも「遊び半分だろ」というようなことをさんざん言われましたし、バッシングもさんざん受けました。そういうのが苦しいので、中身をちゃんとしたいと思ったわけです。それと、ただ視えてるだけで何の役にも立てなければまた批判を受けるし、お人を救いたいなら、きちんと学びたいと思って、お坊さんが普通にやるべき道を、遅ればせながら一生懸命、追いかけていった末、伝法灌頂《でんぽうかんじょう》を受け、僧侶資格をいただきました。

川口　それが40代の頃ってことですか？

家田　さあ（笑）？　年齢はただのナンバーにしかなりませんけど、やり始めたのは人生の折り返し地点の、ちょっと前くらいです。人によって人生の折り返しはいろいろだと思いますが、私はそこから慌てて、ずっと本当にやりたかったことをやり始めました。

子どもの頃は、とにかく親が異常と言えるほど厳しくて、大学に行くために、小学生のときから夜12時前には寝ちゃいけないぐらい勉強させられていました。その割に要領が悪いので成績は良くないし、物心がついた頃から親は暴力を振るっていたので怖くて、私は萎縮してしまって。そういう親なので、とにかく家を出たいがために東京の大学に行こうと思っていました。学びたいからではなく、親が殴るから勉強していただけで、自分の勉強ではなかったんです。だから折り返し地点になって、ようやくやりたかった勉強を始められました。座ってじっとしてることが苦手ですし、働きながらなので高野山まで通学するだけで片道2時間。授業を聴いてると寝てしまいそうになるときが何度もありましたけど。

◎——吉原の供養

川口 吉原《よしわら》で供養をされているんですよね。

家田 25年間、毎月やらせてもらっています。この11月（2023年）で26年目に入りました。昔、吉原遊郭（新吉原）があった場所です。約100年前、1923年9月1日、関東大震災のとき、浅草と吉原遊郭から火が上がりました。吉原遊郭には何千人という遊女たちがいたんですが、火から逃れるために水深4メートルほどの弁天池にみんなが飛び込んで、500人以上（諸説あり）が亡くなりました。その一部が今も、千束《せんぞく》という住所ですが台東区に残っています。2025年の大河ドラマ「べらぼう」は、この吉原が舞台の一部になっているんですよ。NTTの近く、台東区立台東病院の斜め前です。もし浅草に行かれることがありましたら、ぜひ寄ってあげてください。

初めてそこに行ったときは、地面から手が伸びている状態でした。ゾンビって分かります？　そんな状態で真っ黒焦げになってる人とか、水につかっていてふやけている白い人、そういう人たちがどんどん迫ってくるんです。何人もの人に手足を引っ張られました。みんな苦しんで、救いを求めているので、この人たちを供養して楽にしてあげたいと思いました。本当は月に何回もしてあげたいけれど、私も働きながらなので、自分が続けられる方法を考えて、月1回にしました。屋外ですが、1回に2時間半ぐらいかかります。

川口　月1回、2時間半を25年間。ということは累計300回……。すごい。

家田　月に1回だから、25年続けることができたと思うんです。そして、供養させていただいたおかげで、僧侶になる道がどんどん開かれていったんです。

高野山本山で、年に一度の伝授式とか講習とかは、仕事の予定が入ってしまっていたら、そのときは行くのをやめようと思うんですね。ところが、僧侶になるために受けなければいけない日にちは毎年違うのですが、その日が仕事と重ならないんです。僧侶への道は厳しいので、実は仕事と重なったりしてどこかで逃げることも期待していたんですが、伝授の日など、空いていれば行くしかありません。重なれば「仕事だ」と逃げられるんですけどね。私は、見えない力によって、僧侶への道を着実に歩んで行かされたということです。真言宗では、僧侶でないとあげられないお経もありますので、途中から皆（亡くなった遊女たち）がもっといいお経が聴きたくなって、私に学ばせてくれたのかなと思っています（笑）。

最初のうちは、みんな苦しんでました。そして私の周りに集まってきて、ベタッと接近して「なんだこいつ」みたいな様子でお経を聴いていました。でもそのうち、だんだん慣れてきて、私から少し離れてお経を聴いてくれるようになって、さらにくつろいで寝ながら聴く人も出てきましたし、ぼーっと立っている花魁《おいらん》もいました。その途中途中で、一人ずつ成仏して上がっていくんです。上がるときには一人ずつ、きれいな着物を着て、舞を見せてくれて、お辞儀をして去っていきます。

川口　ただ、なんといっても500人以上ですから。

家田　そうなんです。一人ひとり丁寧に成仏させて行くので、簡単に上がるものじゃないんですけどね。だんだん私も毎月彼女たちに会うのが楽しくなってきて、「淋しかったね」って話しながら続けさせてもらっています。今はすごくいい状態なんです。もちろん、まだ成仏してない子たちもいっぱいいるんですけども、穏やかにみんな過ごしてるので、成仏しなくてもいいみたいな状態なんです。私も死んだらここに来て、皆と遊ぼうと思っています。

◎――宿曜占い

川口　占いもしておられますね。

家田　宿曜《しゅくよう》占いといって、弘法大師空海が806年に遣唐使のお役目を終えて日本に戻ってこられたときに、中国からいろんなものを持ち帰られましたが、その中にあった占いです。月は満ち欠けで27スタイルありまして、どの月の日に生まれたかによって、その人の性格や本質が違うんですが、宿曜占いは人と人の関係性を見ることが得意です。

昨年プーチンさんとゼレンスキーさん、滝沢秀明さんのところに行った元キンプリの三人（現Number_i）のことも占わせていただきました。すごく良い運勢が出て、すごく嬉しかったです。

プーチンさんとゼレンスキーさんは、本当は友人関係になれる相性の二人なんですけども、いろんなことがあって今はうまくいっていません。プーチンさんは、なんと血と刃が嫌いなんですよ。そして臆病。なのに戦争をしているということは、プーチンさんの周りに戦争係がいるんだと思います。

川口　さすが、占う対象がおもしろい。

家田　2年先くらいに二人の運勢がちょうど吉と大吉で重なるときがあるので、そこから終結に向かうんじゃないかと期待しています。でも、戦争好きな参謀たちがなにかを起こすと戦争が終わりませんから、プーチンさんには長生きしてもらいたいです。ゼレンスキーさんは、今年来年あたりで体調を崩される可能性があります。働きすぎ、頑張りすぎです。ただゼレンスキーさんは、海外との交渉がすごく上手。根っからそういう力があると出ています。だから今やってることは、とても合ってるんじゃないでしょうか。

川口　日本はどうですか。

家田　日本のことは占ってないんですが、岸田文雄総理（当時）と私は同じ宿曜なんです。「軫宿《しんしゅく》」と言いまして、27宿の中で一番運がないんです。とにかく努力するしかなくて、悪いことをやったら神様仏様に落とされます。だからとにかく悪いことをしちゃいけない、日々拝んでまじめに生きなきゃいけないんです。というわけで、トップは向いていないません。二番手が向いていて、誰かをトップにしてあげるっていう役目がピッタリです。だから岸田さんは無理してきたと思います。吉村洋文《ひろふみ》大阪府知事さんも同じ軫宿です。松井（一郎）さんがナンバー1だったので、吉村知事は大活躍できた……。

川口　政治のこと以外ではどうでしょう？　今の世の中に対して、あるいは未来に対して、簡単に言うと悲観的ですか。それとも楽観的ですか。

家田　楽観的ではないですよね。というのはコロナ禍《か》になって、対面で話をしたり、どこかに行ったりという自由がきかなかったので、人との付き合いが苦手な人が増えてきたように感じます。しかも今は、何でもスマホでできるから人に訊くこともあまりしなくなって、他者への思いやりも減ったように感じます。

川口　それは私も感じます。ちなみに空海さんは27宿のうち、どれだったんですか。

家田　「女宿《じょしゅく》」でした。恐れ多いので弘法大師空海さまを占うことはできないんですが、たまたま旧ジャニーズの誰かを占ったときに、同じ宿曜で「弘法大師空海」と出ました。とにかく精神力が強くて、ものすごく個性がある、素晴らしい宿です。

川口　リーダーになるべく生まれてきた人ということですね。自分の宿曜を調べたいと思ったらどうしたらいいんですか。

家田　「宿曜早見表」というのがあって、生年月日で分かります。簡単なものはネットにもあります。でも、ちゃんと占おうとすると一日がかりです。「宿曜経」というものがありまして、宿曜経を訳して、それを占う人が解釈をしていくので、答えは一つじゃないんです。解釈する人によってだいぶ違います。

宿曜経は昔のものですから、「この人は盗人」とかキツイこともズバズバ書いてあります。ハラスメントになりかねず、そんなことを今の人には言えないので、そのへんはうまく変えてお伝えするようにしています。占いって、いいことを言って背中を押してあげたほうがその人のパワーになるので、私はあまり悪いことはストレートには言わず、前向きになるにはどうしたらいいか、解決法をアドバイスに変えたりします。

◎──作家の道

川口　仏教の道に進まれる前は、作家さんでいらっしゃいますが、作家になったのはどんな経緯なんでしょうか？

家田　最初は女優になりたかったんですね。女優になりたくて、高校時代から名古屋の番組でレギュラーの仕事をさせてもらっていました。大学に入るときも女優になりたかったのと、親が〝鬼親（笑）〟でしたから、とにかく家を出たくて、最初から社会科は勉強せずに、ここしか受けられないとか言って、日大藝術学部という試験教科が２教科しかないところに入りました。

大学に入ったあとは、マクドナルドでずっとバイトして。でもマクドナルドに就職したかったわけでなく、女優でスカウトされたいので、いろいろ売り込んだりしたんですけど、悪徳プロダクションに２回だまされて、一人で飛び込みで、自分でテレビ局や映画会社に営業に行ってました。そしたら東映で映画の出演が決まって。もちろん主役ではなく田中美佐子さんのお友達の役なんですけど、台詞《せりふ》はいっぱいありましたね。半年くらい、テレビ局とかいろんなところに毎週営業に行って、やっといただいた仕事でした。その後は雑誌社にも売り込みに行きました。当時は、脱いでも水着姿まででした。私は映画の宣伝でグラビアに出してほしいと売り込みに行きましたら、「君は色気と身長が足りない」

と言われました。

川口　（笑）。いや……反応に困るな……。

家田　文京区にある出版社なんですけど、私をかわいそうだと思ったその編集者さんに、お茶を飲みに行こうって言われて、カフェで話をしました。私は当時、髪の毛を赤く染めたパンクロックファッションで、Tシャツなんかも自分でペンキを塗って柄を作ったり、破ったりしてました。それを見た編集者さんに、「今どんなことが流行《はや》ってるの？」「どこで遊んでるの？」とか訊かれました。私はアルコールアレルギーですからお酒は飲みませんが、踊りが大好きで、当時はディスコって言いましたが、それが大好きで毎週踊りに通っていました。そのとき六本木で見たこと聴いたことをしゃべったんです。「売春を中学生がやっている」とか「医学生たちが薬物をやっている」とか。

そしたら編集者さんが驚いて、そういうことを書く人がいなかったので、書いてごらんって言われて、書いて。初めて書くわけですから、文章は直してくださいました。雑誌に載ってそれを見た『週刊文春』さんが、「風俗を書ける子がいるって聞いたから」って、取材記者として引っ張ってくれました。そこで2年間、毎週、巷《ちまた》のニュースみたいな、変わった人がいるとか、こんなおもしろい人がお店に来たとか、そういう風俗ネタを取材して、原稿を提出していました。2年間、原稿の出来不出来は別として、毎日ネタを拾いに行き、とにかく取材して、原稿を毎週持っていきました。

川口　毎週？　すごいな。

家田　何十人と、そのコーナーを始めるのにライターが集められましたが、2年間続いたのは私ともう一人の男性しかいなかったということで、編集長から連載のお仕事をいただきました。担当の方がすごく厳しい方だったんですが、「もう（書かせても）大丈夫ですよ」と編集長に言ってくださったそうです。私の周りには、そういう包容力があって厳しく育ててくれる人たちがいっぱいいらっしゃいました。

連載が評価されても、また毎週、取材記者に戻って原稿を届けていました。その後、ヤクザの山一抗争※が起こったんです。ご存じの方もいらっしゃると思うんですけど、毎日、テレビで一日中、報道されていました。最初は関西で起こったことですが、組織は全国にありますから、全国レベルの抗争になり、全国の人が注目していました。

それで、私は伝えるという仕事をしているので何か取材したいと思っていましたが、マスコミは当時、男性の社会で女性は入り込めませんでした。でも抗争の前線ではない「銃後の世界」に思いを致したとき、すぐに『週刊文春』の編集長のところに行きました。そうしたら、「ピストルの弾が飛んで来て、命が危ないよ」って。でも書かせてくれたんです。

川口　怖いこと言いますね。でも、その編集長に感謝ですね、今となっては。

家田　そうです。その後、エイズをテーマに書いた本で「大宅壮一《おおやそういち》ノンフィクション賞」をいただいたとき、「君に声をかけたときは、砂利《じゃり》の中の一人だった。でも、砂利の中から君を拾ってよかった」って言ってくださいました。その編集長はのちに文藝春秋社の社長、会長となられた方です。

川口　しかし、2年間、毎週でしょう？　僕も連載とかありますが、毎週は絶対に無理です。2週間でも締め切りが守れない自信があります（笑）。

家田　500字くらいの短い文ですよ。でも有名な人たちも含めてたくさん書く人はいたそうですが、始めてもしばらくしたら辞めて、また違う人が入ってくるといった入れ替わりが激しかったようです。短いネタですけど、毎週持っていくというのが、私は当たり前だと思っていて、周りが持っていかなかったり辞めたりしてるとは知らなかったんです。

男尊女卑が強い時代で、マスコミは男性の世界でしょ。女性の私は編集部に行けなくて、いつもビルの下にあるサロンで原稿を渡していました。

『極道の妻たち®』を発表したあとは、男の世界に女が入ってきたということで、ものすごいバッシングとかいじめもありましたけど、私の本心は女優になりたいということですから、カメラマンにスカウトされないかなと期待して出版社に出入りしてました。男性の聖域を奪う気は全くありませんでした。

川口 雑誌には枠がありますから、誰かが書き始めたら、誰かの枠がなくなるわけですもんね。受けたバッシングやいじめの根っこには、男性ライターの枠を女性がとりやがってみたいな妬《ねた》みがあるでしょうね。

家田 ただ、抗争の奥と、人を取材したかっただけなんですが。

実は、『極道の妻たち®』の映像化が決定したあとも、私はまだ女優になりたいと思ってました。映画の『極道の妻たち®』は監督が五社英雄《ごしやひでお》監督でした。女優としては憧れの。私も役をもらいましたが、「すかんタコやな」という変なセリフがありました。五社監督に認められて、女優になれるんじゃないかと期待していたのに、「すかんタコやな」

とは……。五社監督がインタビューで、「家田はどうでしたか」って記者に訊かれたとき、「才能ないね」って答えていらっしゃいました。その記事を読んで、私は女優を諦めました。本望です。

川口　前に出版社の人に、色気と身長が足りないって言われたときには諦めなかったのに、憧れの五社監督に才能ないと言われたら、もうどうしようもないと。それで、そのまま作家としてやってこられた。その頃、僧侶の道は考えておられた？

家田　まだ具体的には考えてない頃です。弱い方たちをずっと取材してきて、そういう弱い方が立ち寄れる場所が欲しいなと思って、ミニ駆け込み寺をやりたい。そのためには、僧侶の資格が必要、お寺をやるには住職の資格も必要と思い始めたのは、エイズ患者さんのボランティアのあと、アメリカから帰ってからです。

◎──心に鍵をかけた人

川口　少し話は変わりますが、家田さんが取材してきた人って、『極道の妻たち®』もそうですけど、エイズの話とか、あんまり普通の新聞や雑誌が取材しない、無視されがちというか気が付かないような人たちに焦点を当てて取材してはると思うんですね。いわゆる「目の付け所」がすごいんですが、ただ、誰も気付かないようなところを見ようとしてすぐできたら苦労しませんよね。だから私は、家田さんにとっては、たぶん、普通のことなんだろうと思うんです。自然に、世の中的には目立たないところに目が行く。思うに、家田さんって若い頃から、人を救いたいという気持ちがずっとあったんだろうと。だから、仏教の道を進むというのは、家田さんからすれば自然な流れなのかと。

家田　私は、物心ついたときから親に殴られて育ちました。小学校時代にはいじめに遭《あ》いまして、家に帰って「いじめに遭った」と親に告げたら、「いじめられるほうが悪い」と言って私を怒鳴り殴ってきたんです。そんな経験から、「人には言いたいことがあっても、心の中に閉じ込めて、それでも人前では笑って生きているんだ」と分かったんです。だから作家になってからも、昔の私のように、言いたいことがあっても心に鍵をかけて閉じ込めている人がきっといるはずで、そういう光の当たってない人やテーマに、どうしても目が行っちゃいます。光の当たる生き方をしている人たちに、生き方や価値観は一人ひとり違うので、「みんな一緒がいい」「みんなと一緒が普通」というのは違うんだよ、ということを教えてあげたいっていう気持ちもありました。

人はそれぞれ、大小違いはありますけども、ご苦労されたりとか、悲しいこととか、淋しいこととか、辛いこととか、いろんな経験をされています。その中で皆さん前を向いて頑張っていらっしゃるので、そういう方々へエールを送りたいと思っています。

川口　なるほど。作品の視点や書きぶりみたいなものって、やっぱりその人の人生や重い経験といったものが投影されてるということですね。頭というか理屈で、なんとかおもしろいものを作り出そうってするのは限界があると改めて感じます。なので、私には無理だということが分かりました（笑）。

家田　そういう幸せな人生を過ごしてこられた？

川口　いえ、そういう意味ではないんですが……。

◎――世に出したい言葉

川口　家田さんは、いろんな方へインタビューや取材をされてますよね。今まで一番心に残っている人は誰でしょうか。一番というのは難しいかもしれませんが。

家田　いっぱいいいらっしゃいます。一人だけ挙げろというのは、とても難しいです。たとえば、『極道の妻たち®』のとき。今もそうですが、私は口下手で本当に取材が苦手で、なかなかその場を自分のペースに持っていけないんです。普段から口数が少ないので、世間話で相手と打ち解けようと思っても、打ち解けられない。当時は、しゃべってもらうためには、こっちがまずしゃべらなきゃだめだろうと思い込んでいて、とにかく私は、いっぱいいっぱいしゃべろうとしてたんですね。

川口　聴くより、しゃべろうとしてた。

家田　そうなんです。だから空回《からまわ》りしてうまくいかなかったんです。それでもしゃべってもらうためには、もっと相手に近づくしかないと思って。それで、山一抗争の最中《さなか》、家に泊めてもらうことにしました。

川口　え。あの、すいません、ヤクザのお宅にってことでしょうか。

家田　そうです（笑）。山一抗争で闘って、上に上がっていった組織の中のある組長のお宅に。その組織はイケイケで。その組織の親分が、「うちは勢いがいいから、どんどん行きたがる」って言ってました。行きたがるっていうのは「闘いに行きたがる」っていう意味です。そういう組だとは全く知らず、取材交渉に行きました。

それで、一人の女性を紹介されたのですが、何もしゃべってくれません。インタビューに答えるというのは、心の奥にしまっていたものを引っ張り出して、さらにそれを声にして表現しなきゃいけないので、二重三重の苦しみがあるんです。だから、「忘れた」と言ったほうが、その人は楽なんです。別に、しゃべらなきゃいけない義務はないわけですから。インタビューを繰り返していく中で、だんだんそれが分かってきたんです。その場ではしゃべってくれないけど、私が帰ったあとにいろいろ話をしているんだろうなと。そう思うようになって、それで「住み込みさせてください」と思い切ってお願いしました。

そしたら「いいよ」って言われて。それから1週間に1泊か2泊くらい泊まり込みで通いました。抗争の最中ですから、私も緊張しまくり。髪の毛は抜けるし白髪になるし、胃けいれんが起きてのたうち回ったこともあるし。そんな体の状態ですから、1週間に1泊か2泊が精一杯でした。

川口　ほんまの突撃取材ですね。私には無理です。

家田　でも、それでも話してくれなかったんです。そこで、ついに気が付きました。もう私は下手なしゃべりはやめよう、と。

物事には裏と表とか、善と悪とか、光と影とか、背中合わせのものがいっぱいありますよね。下手なしゃべりをやめた私にできることは何かなと考えたんです。それで見つけました。聴き上手になること。だから、下手なしゃべりをやめて、相手の話をしっかり聴くことにしたんです。それまでは、相手がしゃべってる間も、次に何て言おうかって考えてました。実はこれって、一生懸命、聴いてないということですよね。

川口　それは、そうです。

家田　だから、とにかく一生懸命聴くことにしました。相手の目を見て、相手のほうに体を向けて、とにかく一生懸命に聴こうと思いました。

その姐さんは、毎晩外に飲みに行くんです。アルコールアレルギーの私はウーロン茶で付き合って、家に帰ってきたら、朝3時くらいまで録画したドラマを必ず見るんです。ある夜、たまたま悲しい立場の主人公が出てきて、その主人公に姐さんが自分を重ねて、「私もそうなのよ、淋しいのよね。自分の家なのに親父（組長）のことばかりで、自分の居場所がない」とつぶやいてくれたんです。朝から晩まで夫はとにかく組のことばっかりで、若い衆と一緒に住んでるし、自分の居場所がないってことをポロッと漏らして、「好きでヤクザの女房になったんじゃない」って。「愛した男がたまたま極道だった」という、『極道の妻たち®』の、映画のキャッチフレーズの元になった、この言葉を言ってくださったんです。

川口　そうなんですか。あれは、作ったんじゃなくて引き出した言葉なんですか。

家田　そうです。あの言葉は、姐さんの言葉です。私が下手なしゃべりをやめたその夜に、涙をこぼしながら言ってくれた言葉なんです。この言葉を世に出したいと思いました。この言葉を世に出すために、ほかの組織も取材しなくてはいけない、でないと連載にならないと思いました。この言葉を言ってくれた女性のことは、すごく心に残っています。

川口　そう言えばあの頃、六甲《ろっこう》の下あたりの住宅街を歩いていたときに、ジュラルミンの盾みたいなやつとかが、そのあたりのビルなんかにいっぱい置いてあって、恐ろしいなって思った記憶があります。そんなところに取材に行くだけでスゴイと思いますが、さらにほかの組織にも行ってみようと……。

家田　それが全国のあちこちにありましたね。ほかの組織の取材をするためには、受けてくれる人を探さないといけません。東京の歌舞伎町で毎夜、ヤクザらしい人に声をかけていこうと思ったんです。

川口　え、声をかけるって、「すいません、あなたヤクザですか？」みたいな？

家田　そう。でも怖くて足が前に出ないんです。毎晩行くんですが、声をかけられませんでした。だからその東京にある組織の本部にいきなり行こうと思って。ツテは全くありませんでしたから。

川口　ツテって……（笑）。

家田　山口組や一和会ではない広域の団体に行ったら、機動隊員と組員やボディーガード組員がズラーッと並んでいて。両方とも体が大きくて目が鋭くて、一緒なので、どっちがどっちか区別がつかないほど。もちろん制服を着ているほうが機動隊員でしょうけど。怖くて、震えてしまって近づけませんでした。

川口　よくやりますね。そういうところには近づかないんです、普通は（笑）。

家田　あの当時は、警察とかヤクザが「ばか野郎」「この野郎」って言い合っているのがテレビでそのまま映し出されてましたよね。取材記者やカメラマンたちがぶっ飛ばされたりとか、そういうのも平気で映ってました。当たり前のことで、みんな命がけでした。今だったら大変なことです。

川口　いずれにしても、普通の人はそういうところには近づかないんですけど（笑）。

◎──優しさを配る

川口　今、会場にいらっしゃる参加者から事前に質問が来ていまして。家田さんって、人生相談の達人ですよね。ちょっと答えていただきたいんです。

「還暦を前に、これまでの自分を振り返り、老いていく今後につなげたいと思っています。これまでの人生を楽観的に生きてこられたことに感謝し、それをうまく受け入れながら、幸せを享受する時期が来たように感じています。一方、これから先、何かに不安を覚えることもあるかと思います。そんなときにも心が整うような、これからの生き方、考え方などについて、何かメッセージをいただければと思います」という質問です。

私、この方がおっしゃっていること、なんか分かるんです。僕も59歳なので、あと1年で還暦なんですね。そうすると、なんとなくこれまでの人生を総括せんとあかんのかなって思うようになってるんですよね。

家田　真面目ですね。私は考えたことないです。これまでの人生で、もう十分にご馳走様ですから。これからのことをあんまり決めすぎちゃうと、私はその型に入っていけなくなったり、決めたことをやらなきゃいけなくなったりしてストレスになるので、とにかく今、できることを一生懸命やるようにしています。

川口　「こうなりたい」とかじゃなくて？

家田　たとえば、行を26年間やっていますし、吉原遊女の月1回の供養も26年目に入りますが、自分が決めたことは変わらずやろうと思って続けています。カチッと決めちゃうと、身動きが取れなくなっちゃいそうな不安があるので、続けられること、自分にできる小さな一歩一歩を積み重ねていきたいと思って、これからも続けていきます。でも目標を固めて、それに向かったほうがやりやすいという人もいらっしゃるし、私みたいにフラフラッとしてるほうがやりやすい人もいらっしゃるし。

川口　たとえば作家として、こういうのを書きたいとか、そういう目標みたいなのも特にないんですか？　話が来たら、じゃあ書きましょうか、みたいな？

家田　今は、そんなお話が来るような優しい時代ではなくて、売れる本しか本にしてくれませんよ。長編の時代小説を書きましたけど、営業してもどこも扱ってくれなくて、浮いたままになってます。書きたいから書いて本になるというわけではないんです。もっとも、そもそもノンフィクションの世界は、何年間も取材に費やして、取材費を莫大に使っても本になるとは限らない。昔からこれが当たり前で、私は鍛えられてきました。

川口　あー、家田さんでもそうなんですか。「家田荘子」って書いてあったら売れるんかなと思ってました。じゃあやっぱり一歩一歩っていうか、幸いにも来た話にどう応えるかということしかないわけですね。

家田　そうです。私が『私を抱いてそしてキスして〜エイズ患者と過した一年の壮絶記録』を出したときは、まだ日本ではエイズに対する偏見が大きかったこともあって、本にする前、載せてもらえる週刊誌が決まるまでだけでも、すごく時間がかかりました。でも出版界がまだ華やかな時代だったので、連載のあと、文藝春秋社の出版部の部長が「これは売れない本だけど、世の中にとって大切な本だから出すよ」と言ってくださって。担当の方がそういう太っ腹な方なので、のびのびと書けて、結果として賞をいただくことができました。

今はそういう時代ではないので、ノンフィクションを書く私が小説を書いても、「え?」っていうことになるんです。書きたいことはいろいろありますよ。たとえばＤＶ（配偶者や交際相手からの暴力）の取材をして、ＤＶで苦しんでらっしゃる方のことを書きたいと思っても、非常に地味なネタなので売れないから駄目とか言われたり。

川口　やりたいことより、やらなければならないこと、来たものを一つひとつやっていく。

家田　お話をいただけたら一歩一歩やります。けれども、目標や夢を持つことは大切なことですし、夢は本当に命の幕を閉じるその寸前まで持っていたいものだとは思います。それが励みになりますし。

ただ一方で、弘法大師空海は、人を幸せにする、人を喜ばせることが正しい道で、それを積み重ねていけば人は必ず花開くとおっしゃっているんですね。だから、ご自分のできる範囲で人を喜ばせること、人のお役に立つことを、小さなことでも、たとえば挨拶するとか、声をかけるとか、ちょっとお掃除をしてあげるとか、そういう無理のない自分らしいことの積み重ねを自分で見つけて、それを続けてやっていくっていうのは素晴らしいことだと思います。

川口　人に喜んでもらう行いをちょっとずつ積み重ねていく。

家田　それと、ＡＩ（人工知能）やスマホなどの発達によって便利になった分、世の中に思いやりのようなものが少なくなってきてますよね。だから、やっぱり年齢がある程度いっている大人の方たちには、世の中に優しさを配っていただかないと、若い世代の心がもっと冷たく、合理的なほうにばかり行ってしまうんではないかと思うんですね。若い世代のほうから年上の方に声をかけたり、どうのこうの相談したりといったことは、まずＳＮ

Sに行ってしまうからなかなか難しくなっています。年齢の上の方たちから率先して若い世代に声をかけてあげたり、相談に乗ってあげたりすると、今やすぐにハラスメントと言われてしまって教えることやつなぐことが難しくなっていますが、それでもやっぱり対面でコミュニケーションをとっていただかないと、もっと乾燥した世の中になってしまうのではないかと心配です。大人の人たちに頑張ってもらいたいと思います。

川口　「優しさを配る」かー。いい表現です。さすが。上の世代、もっと言えばここにいらっしゃる多くの高齢者とか中高年の世代が、若い世代に優しさを配っていく。いい言葉を教えてもらいました。それでは、第1回は終わりたいと思います。ありがとうございました。

※山一抗争：1984年から1989年にかけて起こった、神戸の特定抗争指定暴力団である山口組と一和会の間の抗争。29人の死者を出し、一和会は解散となった。

第2回

心の声に耳を傾けてみる

2023年11月17日　中楽坊情報館にて

◎──苦手な人

川口　家田さんに質問が届いていています。この会場にいらっしゃる方じゃなくて、前回参加された方からなんですが、「家田さんが対談の終盤に『優しさを配るのが大事』とおっしゃったのですが、苦手な人にもそうすべきでしょうか？」という質問です。

いやー、よく分かります。苦手な人とか、嫌いな人って避けたいですよね。そういう人って、そもそも優しさを配る対象じゃないんじゃないの、みたいな。若い頃は、苦手な人でも付き合わんとしょうがないじゃないですか。仕事もあるから、苦手とか言ってられない。でも年をとったら付き合う必要性がなくなってきますよね。だから人間関係の断捨離®っていうのを、年配の方たちもよくおっしゃいます。家田さんは普段、苦手な方とはどうお付き合いされてます？

家田　その人が困っているのなら、思いやりを配ってあげたらいいと思うんですけど、わざわざ自分から嫌な人のところに行く必要はないと思います。

川口　質問された方は、たぶん、苦手な人がわりと寄ってきてるんじゃないのかなと。

家田　私のところにも来ますよ、不幸な人がいっぱい。電話もかかってきます。少々心が暗くなります。でも、たいていはその方が幸せになると来なくなります。

川口　そのとき、思ったりしません？　「自分がしんどいときだけ来やがって」みたいな。

家田　もう慣れました（笑）。質問してくださった方は、たとえばご近所付き合いとか、限られた中での人付き合いのことを言ってらっしゃるのかなと思ったんですが。仏教では「四苦八苦」の「八苦」の中に「怨憎会苦《おんぞうえく》」という苦しみがあります。嫌な人と会ってしまう、嫌な人と一緒に仕事など何かをしなくちゃいけない苦しみのことです。

　嫌な人というのは、実は自分の心の中に起こっていることなんです。心の外で起こっていることではないので、大変なことではありますが、自分の心の持ち方を変えるか、自分がどう見られているかを過剰に意識しないようにすれば楽になれます。人に好かれたい、いい人に見られたいといった気持ちを捨てればいい。

川口　怨憎会苦。つまり、嫌な人と会わなければならない苦しみというのは、もともと人生にあるんだと。

家田　みんなが持っている苦しみ、だから八苦の中にあるんです。それは、完全に払拭《ふっしょく》するのはとても難しいことだと思います。
　私は自慢話ばかりする人や大きな声でしゃべりまくる人が苦手なんですけど、できるだけ聞き流すようにしているし、そういう人たちには近づかないようにしています。自分がよく見られたいと思わなければ、無理してそういう人と付き合わなくていいし、距離を置いておけばいいわけです。その人が話しかけてきたときは笑顔で優しくしてあげたらいいんですけど、自分から進んで優しくする必要はありません。距離を置いてあげることも優しさの一つです。争ったり、比較するような気持ちがなければ、「あの人はこういうキャラなんだ」と思っておくだけでいいので、煩わしくなくなります。
　ただ、嫌なことを言ってくる人は、こちらが笑顔でいると甘く見るようになって、困った頼みごとをしてきたりするので、ニコニコして言うことを聞くより、ここぞというときはきちんと意思表示したほうがいいですね。
川口　いやいやそれは、めっちゃ勇気いりますよねー。
家田　勇気はいりますが、それで離れる人だったらそれでいいんです。自分の評価を気にして、ストレスを背負って苦しむことのほうが嫌ですから。自分がノーと言うことでいなくなるような友達は、そもそもいらないわけですよ。そういう人と一緒にいるより一人でいるほうが気楽でしょ。

川口　関係をなくそうとしたら、嫌な奴みたいに思われるんじゃないか、本当は関係が切れたらいいのにと思っていることが相手に知られたら嫌やなとか考えて、気が進まないのに付き合っておかないとしょうがないみたいな感じはありますね。だから断るのも難しくて、結局嫌な付き合いやストレスなんかをいっぱい抱えてしまう。

家田　そういう方はいらっしゃいます。別の意味で優しいから自分で抱えちゃうんです。でも、これから先、何年生きるかってことを考えると、自分が抱えてばっかりじゃ損じゃないですか。それに、自分の心がかわいそうです。断ったら嫌われるかなという思いを捨てたら楽になります。嫌われてもいいや、と。

川口　勇気あるなー。

家田　もちろん私も、いつもいつも断れるわけではないんですよ。自分のできることならやってあげたり、言うことを聞いてあげたりしていいんです。ただ、これはちょっと……

となったときにはちゃんと言ったほうがいい。でないと、大きなストレスに日々つぶされそうになります。自分がかわいそうです。そこで切れる縁だったら、そういう縁だったんです。

川口　でも基本的には四苦八苦の中にあって、もともと人間が抱えてるものなんですよね。だったら、苦手な人と付き合うというのは避けられないし、ある程度は耐えねばならないということになるんですよね。

家田　自分のできる範囲内で接してあげたらいいと思います。でも利害関係があって、自分に問いかけて利をとるなら、我慢して頑張ってください。たとえば仕事をいただいてるといった場合なら、利か害かを自分で選択したわけですから、できる範囲で我慢をする。

川口　まあ、人間なら誰しも逃げられない苦なんだと考えるだけで、少しは楽になりますが。「四苦八苦」が出てきたので、もう少し詳しく教えてもらっていいですか。四苦というのは、私でも知っている「生老病死《しょうろうびょうし》」ですね。で、「八苦」というのは……。

家田　「愛別離苦《あいべつりく》」は、愛する人と別れなくちゃいけない、離れなくちゃいけない、そういう苦しみ。「怨憎会苦」は先ほど説明しましたが、嫌いな人と会ってしまう、会わなきゃいけないという苦しみ。「求不得苦《ぐふとっく》」は、欲しいものが得られない苦しみ。あの人のことが大好きなのに、振り向いてもらえないとか、何々という仕事に就きたいという夢を持っていても、それに就けないといった苦しみです。「五陰盛苦《ごおんじょうく》」は、身体の欲求などが満たされないという苦しみです。たとえば、性的な欲求が満たされないとか、近年の話題で言えば、性別と身体や精神が一致しないという方たちがご苦労されてきたということがあると思いますが、そういったことです。

川口　自分の体さえ、自分の思うとおりにならないということですね。

◎──大変なことと、いいことは平等

川口　しかし、それだけ「苦」というものがあるとなると、なんか「人生は苦しみなんだ」という感じがしてしまいますね。しんどいなというか。

家田　生きることは大変なんです。でも、大変だけど大変な分だけいいこともあります。大変なこととといいことの割合は、皆さん一人ひとり平等なんだと思います。苦しみやいい

ことの大小は、受け止め方によって違いますけど。

だから、苦労ばかりしてると思っても、その苦労を乗り越えたら楽しいことやいいことがあります。私は、いじめられたり変なことを言われたり、うまくいかなかったときは、「大丈夫。傷ついた分だけこの後にきっといいことが来るから、もっとちょうだい」と思うように努力しています。

川口　たしかに苦しみというのは、向き合い方、受け止め方一つで変わりますね。そもそも人間には、四苦八苦というぐらい、苦しみがついて回るんだと思うだけで、僕は少し楽な気持ちになります。考え方次第で耐えられるし、頑張れるし、乗り越えられるということは、たしかにあるでしょうね。

家田　苦しさから抜け出すとか、自分の心の在り方を変えることが、仏教のお役目というか、信仰のお役目の一つです。建物だって、古くなりますよね。私たちの身体も古くなっていくじゃないですか。

般若心経《はんにゃしんぎょう》は、「ずっとそのままじゃないよ、どんどん移り変わっていくんだよ」ということも言っています。私たちはそのことを自覚しなくちゃいけないんです。ずっと苦しいわけじゃないし、ずっと楽しいわけじゃない。調子に乗って楽しんでいると、どんでん返しもあります。周りの変化に自分たちがついていって、自分の心のほうを変えていくことが大事。幸せが一生続きますようにと思っても、周りの事情も変わっていきますから、それに対応していかなきゃ続いていかないんです。

川口　変わり続けることが大事なんですね。般若心経って僕、最初の3文字しか知らないんですけど、「観自在《かんじざい》」っていうんですよね。僕これ結構好きで、観音様《かんのんさま》の「観」、「観《み》る」っていう字。ものの見方を自由にする、それ次第で自分は自在になれるかもしれないっていうように理解していますけど、とてもいい言葉だなと思ってました。

家田　冷たい言い方に受け取られてしまうかもしれませんが、苦しみも自分の心の在り方次第なんです。自分の心の在り方次第で、楽になれたり、苦しまずに、あるいは少しの苦しみですむということなんです。周りの人は、なぐさめたり、同情したり、助けてあげたりできるけれど、その心の中には誰も手を伸ばすことができません。でも、「かわいそうに」「大変ね」と言われて気持ちが楽になるという人がいれば、私はその方に合わせて言葉をかけます。

川口　心の在り方という点では、昔の日本みたいに家族や友達が近くにいて、お互いの状況みたいなことを分かり合っていて、しょっちゅう話したりする機会があるんなら、心の状態をいい感じにしやすいんでしょうけど。最近は核家族化どころか、一人暮らしの世帯がすごく増えているし、地域も細って、孤独問題が取りざたされるとか、難しい状況にある人が増えています。企業のメンタルヘルス不全の問題だけではなく、高齢者のうつや自殺の問題も深刻になっています。

家田　コロナが起こって、ますます人に会いづらくなりました。コロナは単なる感染症というだけではなくって、人との関係性を希薄にしたという点でも大きな傷を残したと思います。ところが、大阪の方は皆さんおしゃべり好きで、おしゃべり上手じゃないですか。知らない方がどこでも、知り合いのように普通に話しかけてくれます。だからほかの地域に比べたら、まだ人付き合いが多くて、ストレスも発散しやすいんじゃないでしょうか。おしゃべりっていうのは無駄ではないんですね。

川口　まあそうかもしれませんが、うーん、ちょっとしゃべりすぎですけどね……。何が言いたいのか、よく分からん話を延々と聞かされて、逆にストレスを感じることもありますし。でもたしかに、人がたくさんいて物理的には近いけど、心理的にはずいぶん距離があるというような、人々が分断された乾いた都会も多くあります。そういうところよりは大阪はマシかな。

家田　普通は、知らない人には話しかけないし、親しくない人とは当たり障りのない接し方をしますよね。でも大阪の方って「何してんの？」とか、すぐ話しかけるじゃないですか。「何かあったの？」とか(笑)。そんな、おせっかいがいいときもいっぱいあるわけです。道に迷ってる人がいたら、声をかけずにはいられないようなところがあるでしょう、大阪人って。そこがいいんだと思うんです。

川口　どうなんでしょう。いいと言う人とそうでない人と両方いますよね。ほかの地域から越してこられた方だと、そういうところがほかの地域とは違う、すごくいいところって言う人と、距離が近すぎてウザいとか、親しくしすぎるとか、デリカシーがないとか言う人と。たとえば、そんなに親しくもないのに、いきなり「家賃いくら？」とか「時給いくら？」といったお金のことを質問するのは、京都でも神戸でもあり得ないらしい……。

家田　私も昔、そう思いました。どこ行っても「何してんの？」「なんでここにおんの？」とか訊かれて、いちいち説明しなきゃいけない。体調の悪いときとか、ちょっと心が沈んでるときは、ほっといてもらいたいと思うこともありました。でも、その人懐っこさがいいんじゃないでしょうか。私も慣れました。東京は東京式、大阪は大阪式で、「般若心経」のように自分を変えたらいいんだと気付きました。

川口　東日本大震災以降、各地で大きな地震が起きています。ああいう震災が起きると、人同士の距離とか、つながりの強さとか、共同体の強みというのが、すごい試されると思うんです。地方にはまだそういうのが強い地域がありますけど、東京だとどこに誰がおるか分からんみたいな状態なので、自衛隊がどれだけ助けてくれるかとか、そういうことが問題になる。これは弱いです。

家田　分かります。ただ、東京は皆さん、秩序やマナーをとても守るので、東日本大震災のときも、計画停電など決まったことは、きちんとそれを尊重して守る。計画停電があるから皆さん帰宅時間が集中してしまう。それでも電車に乗るときは、きれいに駅の外まで並んでました。それで「乗れるのはここまで。あとは次をお待ちください」って駅員さんから言われたら、誰も文句を言わずに従うんです。大阪だったら、「ええやん」とか「なんで？」とか「あと一人ぐらい乗れるやろ」などと言い出すじゃないですか。
川口　なんか、しゃべってて恥ずかしくなってきましたけど……。大阪も、そのへんはすごくマシになりましたよ。僕、11年くらい東京に住んでて、15年前に大阪に帰ってきたんですけど、その頃の大阪は、並んでいる列に割り込む人とか、そもそも並ばへん人がいっぱいいました。スペースが空いてないのに無理やり座ろうとしてくるオバチャンとか。東京から帰ってきて、えーって思いましたもん。つば吐くおっさんとかも、いっぱいいたんですけど、そういう人もいなくなりました。
家田　今日なども、つば吐いている人いましたよ。
川口　え、犬じゃなくて？
家田　遊歩道、川べりのところ。タバコ吸いながら、つばを吐いてて。思わず踏みそうになりました。
川口　あーそうですか。あれ、なんでこんな話をしてるんでしたっけ？　僕のせいだと思いますが……、この話はこれくらいで。

◎──穏やかな気持ちで介護をする

川口　会場の方からの質問です。これ、僕もよく訊かれるんですけど、「穏やかな気持ちで介護をする方法を教えてください」という質問です。

家田　私も親が年をとって、わがまま放題ですから、頭にくることがよーくあります。だから、穏やかな気持ちになれないのは、よーく分かります。でも介護はやらなくちゃいけない。だから、介護と別の時間をなんとかしっかり作って、そこでストレスを発散するように努力してほしいと思いますね。

川口　60代半ばの知り合いの話なんですけど、91歳と92歳の親がいて、自立して生活されてたんですけど、お父さまが転倒して、お父さまを起こそうとしたお母さまが一緒にコケてしまった。お父さまは足を骨折してお母さまは肋骨を骨折して、もう二人暮らしは危ないということで住宅型の老人ホームに入ったそうなんです。

その老人ホームにはレストランがあるんですね。お父さまは昔ながらの、何もせえへん人で、お母さまがレストランで一緒にごはんを食べようって誘ったら、「こんな犬猫が食うようなもん食えるか！」と言って、もう毎度毎度、怒鳴り散らすそうなんです。

家田　困ったものですね。

川口　職員からも、めちゃくちゃ嫌われてしまって、その結果、まあ自業自得みたいなもんですが、老人ホームの中でものすごく孤立してしまって、お母さまも困り果ててしまっているという。その知人も、二人暮らしのときのほうがよっぽど気が楽やったわ、どうしようって言ってました。要介護かどうかにかかわらず、老いた親のことで心穏やかにいられないっていう話はよくありますね。

家田　うちの親も度々、福祉の方々を困らせています。二人ともプライドが高すぎるし、人の言うことを一切聞かないし、周りの方を困らせることばかりしています。

川口　ただ世代的には、しょうがないですもんね。男が家事なんかするなっていう時代を生きてきたのに、今さら自分で皿洗えとか、自分のこと自分でできるように、って言われても、まあ難しいやろうなと思います。

今の70歳ぐらいの男性だと、家事をやってるって人、結構いるんです。実際にそれが家の役に立っているかどうか、奥さんがどう思ってるかは知りませんけど（笑）。ご主人は一応、自分で何でもできると思ってる。僕は、そんなの半分くらい嘘やと思うんですけど、少なくとも自分のことは自分でするという姿勢だけはあるわけです。だけど、90歳の方はさすがに生きてきた時代が違う。

家田　うちの父親も迷惑ばっかりかけてますよ。母親も父親のことを嫌いだと毎日のように本人の前で言ってます。「じゃあ離婚したらいいのに」と言うと、年金のことがあるからとか言って（笑）。文句だけで、一歩前に出て自分を変えるという気持ちが全くない人です。

川口　生々しいな。おいくつですか？

家田　91歳と89歳です。自宅にいます。子ども時代ずっと虐待されていたのに、なぜ私が親の世話をしなくちゃいけないんだっていう、割り切れない気持ちもありますが、一人っ子なので仕方がないですね。何かあるたびに私が助けて、でも当然のことと思っているので、また調子に乗ってしまう。

川口　親御さんから、「ありがとう」とか言ってもらえないんですか？

家田　ないんです。文句ばっかりです。「ありがとう」の一言で私は嬉しいんだって、先日も言ったところです。以前に自分が車を手放し、ブレーキ機能のついた車を買ってあげても「ありがとう」の一言が言えません。毎年、お正月にはデパートからおせち料理を送ってあげているんですが、母親がそれに対して量が多いとか、いらないとか、なんとかかんとか毎回、ありがとうはなしで文句を言ってくるんです。親子の間でそういうことが、皆さんもいろいろとおありなのかなと……。

川口　そうでしょうね。だからこれ、心穏やかな気持ちで介護するにはどうしたらいいのかという質問になる。

家田　心穏やかには、きっとできないと思うんです。でも自分で発散したり切り替えたりする場所や時間を作って、たとえばヘルパーさんが来てくださる間に自分の時間を作って、その時間に好きなことをするとか、気分転換をして、それでまた戻るというようにしてほしいです。24時間べったりだと自分がどうにかなっちゃうので。ただ、親のことが大好きで、いつも一緒にいたいという方は当てはまらないとは思いますが。

川口　一時、「介護離職」が話題になったじゃないですか。会社を辞めて親の介護をするという。介護を目的とするような暮らしになってしまうと、心が切り替えられなくなるのかもしれないと思いますね。24時間ずっと気が抜けなくて介護疲れになり、仕事を辞めて経済的にも苦しくなっていって、しまいに共倒れになっちゃうみたいな話もあります。やっぱり介護は、頼るところは外部に頼って、自分の時間もきちんと確保するっていうのが大事です。

家田　自分の時間を何とか持っていただいて、うまいこと切り替えてほしいです。私のアシスタントは実家で両親の世話をしながら一緒に暮らしてたんですが、彼女は疲れ果ててしまったらしく、自分が外に出て、すぐ近くで暮らし始めました。実家に通いながら、介護のプロにも助けてもらっていました。昨年お父さんが亡くなって、お母さんは施設に入られたそうです。

川口　介護保険制度ができたのは2000年です。それ以前って、老いた親の面倒は最後まで子どもがみるもんやっていうのが常識で、もちろん世界にはそういう国がまだまだありますけど、日本でもまだその感覚がちょっと残ってるところがあります。老人ホームに入れるのは恥ずかしいとか、国の世話になるというのは、自分の義務を果たしてないんちゃうか、みたいな。

家田　見栄もあるんでしょうね。でも火の不始末とか、階段から落ちるとか、そういう心配がつきまといますよね。だったらこちらの「中楽坊」さんのように環境が整った高齢者住宅に住み替えるとか、そのほうが自分も子どももずっと安心だということを、私もいつも言ってます。親には、もし足を傷めたときは、やっぱり人様に頼ろうねって話をしてます。

川口　心を切り替えるためにも、上手に外部に頼る。

家田　大変だと思いますが、ぜひ自分の時間を作って、自分の心の中を切り替える努力をしてみてください。それができたら、きっと気持ちが少しは変わって、また介護を頑張ろうっていう前向きな気持ちになれるかもしれません。育児ほど明確ではありませんが、いつまでも続きません。必ず終わりが来ますので。

また、私の場合、夫が窓口になってくれていて、ヒステリックな母親の愚痴の電話をいつも聴いてくれています。毎日20分くらい愚痴られても、全く苦じゃないそうです。役割を皆さんで分けるのもいいかもしれませんね。

◎──高齢者の孤独・孤立

川口　高齢者の孤独問題や孤立問題が、よく報道で取り上げられます。これについて思われることはありますか?

家田　私は、こうやって皆さんの前に出る機会をいただいていますが、普段はうちにいる猫としゃべるだけで、人と会わない生活です。お茶を飲みに行ったり外食は毎日しますが、いつも独り、孤独です。でもそれが楽しいんです。だから孤立してるわけじゃないです。孤独が辛いという方は、もしかしたら孤立してるのかもしれません。社会からも断絶された状態と言いますか。でも、何らかの形で社会に参加し続けることはできます。

たとえば、こちらの「中楽坊」さんのような高齢者マンションであれば人と交流できます。人が集まって住んでますから。サークルがあったり、レストランで一緒に食事をしたり、集まればいろんな機会に恵まれるはずです。

川口　そうなんですよね。私は「中楽坊」ウォッチャーなんで、何度もお邪魔してインタビューしたり、フィールドワークの場にさせてもらってるんですが、ほんとに交流があって。だからだと思うんですけど、ロビーやエントランスに流れる空気、雰囲気がすごくいいんです。サークルとかも盛んで、体操とかスポーツ系、音楽系とかいろいろあります。写真や書、手芸などの作品展にお邪魔したら、プロはだしのものも多いんです。マージャンも人気で、どの「中楽坊」にも2卓ずつくらいあったような。賭けないので「健康マージャン」って言うそうですけど。マージャン初心者の女性に、腕自慢の男性が後ろからいろいろアドバイスを送っている様子も見たことがあります。

家田 私、マージャンはしないんですけど、楽しそうですね。

川口 そうなんですか。でも、家田さんがマージャンしてたら怖そうですね。極道仕込みのマージャンみたいな。

家田 （苦笑）。

川口 健康マージャンは和気あいあいで楽しそうなんですが、男性ばかりが卓を囲むと、なんか全員マジになって雰囲気がピリピリしたものに変わるみたいですけど。

家田 近畿三十六不動尊霊場会のお寺の中の一つで、第4番札所・京善寺（大阪）さんの前が公園になっていまして、そこでいつもみんなで将棋をやっている。その周りで子どもたちが、ワーッて遊んでいるんです。

川口　何か懐かしい感じですね。今は、あまり見ません。

家田　はい、すごくいい景色です。そういう場所に自分で行ってほしい。

川口　ですね。ただ、みんなが何かやってるところに、「ちょっと寄せて（交ぜて）ぇな」って行くのは恥ずかしいとか、そういう気持ちってあるじゃないですか。みんなにジロッて見られて「誰やねんお前」とか言われるかもしれない。

家田　その場に身を置くだけでいいんですよ。いつも行っていれば、そのうち誰かが声をかけてくれます。そういうのは女性はうまいんですよ。関西の方たちは特に。皆さんがオープンで、人懐っこさがありますから。私も、自分から声をかけることがあります。道に迷っている人に声をかけたり、すれ違う人に「わー、素敵な靴」とか感激するように言っちゃったり。

川口　家田さんに声をかけられたら、僕ならちょっとビビるかな……冗談です。僕が住んでるマンションは普通のファミリーマンションなんですけど、年数が経ってくるとだんだんと、挨拶せえへんやつが、「やつ」言うたら怒られますが、出てきます。エレベーターを降りるときに「失礼します」って言っても、完全無視みたいなんがおるわけですよ。ロビーですれちがうときも、目も合わせへん。

ちょっと腹立つんですけど、向こうの立場になってみると、たぶん入りにくいんやろうなって思うところもあります。最初からそのマンションに住んでいる人同士のつながりのようなものがあったりすると、そこに入っていきにくい。あとから引っ越してきた人は、それなりの悩ましい部分もあるんだろうと思います。

家田　私が住んでいるマンションは、私が一番最初に入ったので、挨拶教育してやろうと思って、実行してきました。

川口　なんですか、それ？

家田　「こんにちはっ」って、大きな声で挨拶するんですよ。で、ずっとしてたら、みんなが挨拶をするようになったんです。東京で住んでたマンションが、挨拶できない人はよそ者と判断されるようなタワーマンションで、芸能人もアスリートも、みんなが笑顔でしっかり挨拶してて素敵だなと思ったので、大阪で住んでいるマンションでもやってやろうと思って。でもあとから入ってくる人、特に若い世代や外国の方、それとお子さんの中には無視する人がいたりするんです。誰ともしゃべっちゃダメって言われているのかもしれませんけども。

川口　「知らない人に、挨拶したらあかんよ」みたいな。

家田　はい。だからムッとするときもありますけど、これは挨拶教育だと思って、エレベーターを降りるときに何も言わないで出ていく人には、「失礼します」って、残っている私が大きい声で言ってやります。

川口　怖い人がいるって噂になりますよ（笑）。

◎自分の歩幅

川口　話を孤独に戻したいと思いますが、定年退職ってありますね。定年退職って、要するに一定の年齢が来たら、年齢を理由に一律で会社から切り離す仕組みです。何十年もの長期間、それも毎日、長時間、会社にしばられてきた。そういう人が会社から急に放り出されたら、孤立してしまうのは当然で、私は、今の高齢者の孤立問題の原因として一番大きいと思っています。会社に事情があるのは分かります。いつまでもおられると困るとか。でも、定年退職ってヒドイ仕組みだなといつも思います。欧米では違法とされている国も多いし、日本でも年齢差別はよくないという理由で、いつかはこの仕組みはなくなると思いますが、とりあえず今は、定年退職させられる人たちが、定年後の暮らしにどう適応するかは大きなテーマです。

家田　何か始めたらどうでしょうか。私がしている「歩き遍路」って、淋しくて怖いところを歩くこともあるので、15年くらい前、私は自分を守るために正道空手を始めたんです。習い始めたとき、周りに比べて自分は年齢が上で良かったと思いました。もし私が10代だったら、一緒に「押忍《おす》、押忍」と稽古をしている人たちの帯の色が気になるだろうなと。レベルによって帯の色が白から黄、青、緑、茶、黒と変わっていくので、つい隣の人の帯の色と比較しちゃいます。でも、年上でかつ自分は遅いスタートだから、若い人とは比べません。マイペースでいいんだ、自分の歩幅でやればいいんだと思えるわけです。だから、楽しんでできる。

川口　そっか。人と比べたり、負けたりするのが嫌やから新しい環境に入れないというのはたしかにありますね。特に、いい年になってから頭を下げて「私も一緒にやりたいんですけど」みたいな姿勢は、なかなかとれません。でもそういうことは考えずに、「自分の歩幅でやる」っていう発想でいけばいいと。

家田　何も争う必要はないし、「私は遅いスタートだから、出来が悪いから」って言えば教えてもらえるから得をしちゃう。一緒にやってるんだから、分からないトコは素直に訊けばいい。年上に尋ねられたら、喜んで教えてくれる若い人は多いですよ。それを「楽だわ」「得した」と思えばいいんです。そういう心構えというか、考え方を持つようにして、まずは一歩前に出ること、何でもいいから始めることが、社会とつながりを持ち続けることにつながります。

川口　女性の場合は、地域の中に友達や知り合いがいて、その延長で高齢期を迎えておられます。だから、その関係の中で新しいことをスムーズに始められますが、男性はまず、身近なところで、「自分の歩幅」で何か始めるという意識を持つところからですね。会社では上司や顧客や職場の皆のペースに合わせないといけなかったけれども、今からは違う。人よりも大きな歩幅で歩く必要は全くないと。自分の歩幅でいいというマインドですね。

家田　私には真の友達という人がいません。私がいる作家や芸能人の世界は足の引っ張り合いの世界という面もありますから、あんまり人のことが信頼できなくて。あとから悪口言われるのが聞こえてきたり、手のひら返しを知るととても傷つきます。だったら無理して付き合うよりも、いないほうがいいんです。空手を習いに行っても、お友達だと思える人はできませんでした。親友と言える人がいるのはいいなと思いますけども。

（ちなみに、家田さんは、正道会館から真正会に移ったそうです）

川口　家田さんの話を聴いてて思うのは、仲のいい人とそうでない人がいるという感じじゃなくって、家田さんにとっての「心地いい距離」があって、誰に対しても同じような距離をもって付き合っているという感じがしてきます。

家田　どうでしょうか。ただ、仕事をしていく上でも大切なことなので、ほかの人に私のゾーンみたいな部分に入り込んでほしくないという思いはあります。もちろん、僧侶のお役目をやらせていただいているときはまた別でして、それはもうどんどん入り込まれるし、入り込んでもらいたいし、私も入り込んでいかないとダメな場合もあります。

川口　なるほど。でも家田さんみたいに考えられる人は少ないですよ、たぶん。一般には、友達がいないこと、知り合いが少ないということに悩む人はたくさんいますよ。

家田　人と比べるからいけないんですよ。うらやましいなと思うことは悪いことじゃないけど、自分は友達がいないからといって落ち込むこともないし、みんなと同じように友達を作らなきゃいけないとプレッシャーを感じることもありません。

私のアシスタントも何年か前に、「40過ぎてから友達ができました」って知らせてくれました。「どこで出会ったの？」と尋ねたら、「ジムで出会いました」って。彼女も一人でジムに行ってたみたいですけど、「40過ぎてからでも、友達ができるんですよ」と嬉しそうに言ってるのを聞いて、彼女も一人が好きだったんだなと思いました。今は、そのお友達と四国遍路にも行っています。

川口　そう言えば僕も、この前、何かにコラムを書いたんですけど、家田さんがおっしゃるとおり、「自分で選んだ孤独」っていうのは悪くないんだと思うんです。自分の意思に反して社会と縁が切れて、したいのに社会参加できない、交流したいのにできないという

「意図せぬ孤独」だけを避ければいい。だから友達がいないこと自体は、別に悩みでも何でもない。交流するために、気が進まないけどいくつもサークルに参加しているなんて意味ないです。

家田　友達の数なんて、別に人と比べなくていいんですから。だって嫌な友達がいたらイヤでしょう。嫌な友達なら、少ないほうがいいに決まってます。

川口　そうか、だからかな。年賀状で「今年で終わりよ」みたいなやつが来るじゃないですか。勝手ながら年賀状によるご挨拶を本年限りで……なんとかっていう。あれって、どんどん嫌な人を切っていくんですよね。高齢者の特権で。仕事をしてると切りたくても切れないから、高齢者っていいなと思うんですが。でも「年賀状、これでおしまいにします」って来たら、「ああ、やっぱ俺はそういう存在だったんだな」って、ちょっと思いますね。待てよ。あれは人を選んで出しているのか、それとも全員にそういう宣言をしているのか……。まあ、どっちでもいいですか。そんなの気にしないと。

家田　でも、それで翌年出さなかったらまた向こうから来ることが多いんですよね。「あれ？『終わりにします』って言ったんじゃないの？　私はどっちにしたらいいの？」っていう人、いませんか。

川口　いや、なんかめんどくさいなぁ。

第3回

体と仲良くする、小さな習慣

2024年1月30日　中楽坊情報館にて

◎――神様仏様にも説明をする

川口　家田さんは、いろんなところに祈りに行ってらっしゃいます。

家田　吉原の供養は27年目ですが、毎月です。水行は、新型コロナウイルスとインフルエンザなどの疫病と災害がこれ以上広がらないように、日本の国を鎮《しず》めてください、この地を鎮めてくださいという意味と、亡くなった方たちが成仏されて、穏やかになれますようにという祈り。だからどんどん増えています。

川口　でも、せっかくこうやってたくさん祈ってはる人がいるのに、災害とか疫病とか、もう容赦なく起こり続けてるじゃないですか。こういう言い方をすると怒られそうですが、神も仏もないなと……思ってしまいます。

家田　いえ、神も仏もいらっしゃるんです。ただ神様仏様に「こういう病気が流行ってて、今こういう状態です」とちゃんと説明してあげないといけないんです。私は神様と交流できたり、視えないものが視えたりしますでしょ。行が終わって帰りのご挨拶をするときに「マスクしなきゃ」って私がつぶやいてマスクをしたときは神様から「何でマスクするんだ？」って訊かれました。（さっきコロナのことお祈りしたじゃん）と思ったんですけど、説明しないと現状を把握してもらえないと分かり、説明しました。能登の震災※のことも細かく説明しました。お願いするのに、「言わなくても分かるでしょ？」じゃいけないんですよね、やっぱり。

川口　そうなんですか、なるほど。僕なんかは、神様仏様っていうくらいですから、全智全能でもう全部分かってはるもんやと。説明が必要なんて思ったことないです。

家田　説明はいります。何を祈願しているのか察してくださいって言ったって、大勢がそれぞれ祈願するので、いちいち無理でしょう。（会場の皆さんに対して）皆さんもお願いするときは、ご自分のお名前や住所など自己紹介をちゃんと言って、状況をしっかり説明して、だからこのことをお願いします、と説明することをお勧めします。人に対するのと同じことです。

川口　でも、相手は人じゃないですやん。

家田　人じゃないけれど、何かお願いしたら、心からお礼を言わなくちゃいけないのは、人も神様仏様も同じなんです。人に「お金貸して」って頼むときは、それなりに理由を言うでしょう。神様仏様にもちゃんと説明しないといけないし、お礼も言わないといけない。それは同じことですよ。

川口　そう言われると反省しちゃうな。神様仏様の前に、僕は人に対してそもそもかなり説明不足かもしれません。言わんでも分かるやろって。

家田　会話です、会話。コロナで会話しなくなっちゃったじゃないですか。リモートが増えて対面で会話することが少なくなって、会話が苦手になった人も大勢いらっしゃると思うんです。でもやっぱり会話は大事です。分かり合うことが大事です。

川口　会話は減ったように思います。最近ね、立ち飲み屋がめちゃめちゃ流行ってるんです。細くて長いカウンターに、ワーッて人が並んでる。結構若い女性もいたりするんです。そこで別にうまいもんが出るわけでもないんですけど、みんなめちゃめちゃしゃべってて、笑ってて。普段、よっぽどしゃべる機会がないんかなと、ふと思いました。まあ僕も最近、2軒ほど気に入った立ち飲み屋ができて、なんか楽しいんですよね。知らん人と話がはずむこともあります。これも一種のコロナの反動かなと思ったりしました。

家田　私はアルコールアレルギーだから、そういう所へ行けないんですけど、俳優の鈴木亮平さんが飲み屋に入ってって、周りの人たちと挨拶したり会話したりして楽しそうなコマーシャルがありますよね。あれを見て、いいなと思いました。楽しいでしょうね。でも、ほんとは名前とかちゃんと分かっている人同士がしゃべるのが、もっと望ましい状態だとは思いますが。

◎──神社への願いは１カ所だけ

川口　参加者から質問の手が挙がってます。どうぞ。

参加者　すごく初歩的な質問なんですが、仏様や神社にお願いするときは、きちんと説明してくださいっておっしゃいました。けれども、「神社は感謝するところであって、個人的なお願いをしてはいけない」と聞いたことがあります。でも合格祈願とかやりますし、本当はどっちなんでしょうか。

家田　まずは、一つの神様にお願いをしてほしいと思います。あっちにもこっちにもお願いするのは浮気者です。人と一緒ですね。神様って縦社会なので、よく行っている、ご自分が一番信頼したい中心の神様にお願いすると、この件はどこどこの神様が得意だなといって神様同士のつながりで、ほかの神様に頼んでくれることもあります。

参加者 よく行く神様以外の神社にお参りするときは、「ありがとうございます」ですか？

家田 「ありがとうございます」とか、「今日はここに旅行で来たので、ご挨拶に来ました」とかがいいと思います。でもお願いをするのは1カ所。あっちこっちにお願いしたら、その年の終わりに全部にお礼参りしなくちゃいけなくて大変になってしまいます。

お願いをするときは、必ず自己紹介してください。お名前と住所、生年月日も言っていいし、私は携帯番号まで言います。自己紹介をしないと、神様はどなたから何を頼まれたか分かりません。ときどき横を向いている神様もいらっしゃいますから（笑）。

川口 なるほど。まずは一番信じたい神様を決めて、相談してみる。あっちこっちに行かない。かかりつけ医みたいなもんですね。

家田 今、内心「私、あっちにもこっちにも頼んじゃったわ」と思ってらっしゃる方は、時間がかかってもいいので、「この件はありがとうございました」とお礼参りに行ってくだされればそれで大丈夫です。お願いしちゃったけど、どうしてもお礼参りに行けないわ、という方は、たとえば沖縄旅行のときにお願いしたという方は、せめて沖縄の方角を向いて、「〇〇の神様、ありがとうございました」って言って手を合わせてください。

◎──99 は自分の努力

川口　事前にいただいた質問の中に、「仏教の一番の魅力はどこですか？」というのがありましたが、これについてはどうでしょうか？

家田　まずは、辛いことがあっても、それを乗り越えていこうという気持ちを持てること。それと、仏教そのものというより、信じている人たちが、とても思いやりがあって優しいんです。そういう人たちと交流すると、ものすごく温かい心になれるので、それも魅力だと思います。みんなで一緒に何かの目的に向かって拝むことができるのも、すごく素敵なことですし、思いやりの心を持って、自分のことだけでなく、人のことをお願いできること。ほかには、信じることによって自分が崩れにくくなるというのも魅力でしょうか。これらは魅力の一部です。

川口　宗教によって自分が強くいられるとか、宗教が生きる支えになるというのは、とてもよく理解できます。家田さんの場合、信仰を得て宗教家として生きる前と後では、何か変わったことはあるでしょうか。

家田　僧侶になる前は、自分のことをお願いに行ってました。「何々できますように」とか、「何々を助けてください」とか。

川口　あー。僕みたいですね（笑）。

家田　その結果、実ったことって、私の場合なかったかもしれません。自分のこととか家族のことは「小欲」ですね。でも僧侶になってからは、お人のことや世界のことといった「大欲」をお願いできるようになりました。行をしたり、祈ったりすることも含めて。

川口　小欲って、受験のときに絵馬に書いてあるような、ああいうやつですか？

家田　はい。小さな欲、自分の欲望のことです。僧侶になるわけではないので、皆さんは素直にお願いしていいんですよ。でも絵馬だって、本人の代わりに僧侶や神職が一生懸命祈らせていただくので、大変なことなんです。ただ、ご自分の努力なしで頼みっ放しではいけません。100あったら、1は信仰によって神様仏様が背中を押してくれるかもしれませんが、99は自分の努力です。

川口　努力によって、小欲を捨てるということですか？

家田　いいえ、小欲は捨てなくていいんです。小欲は、人それぞれの個性であり魅力でもあるからです。弘法大師空海も、捨てる必要はないとおっしゃっています。そもそも誰だっていいところや長《た》けてるところがあるわけで、周りの人がそういういい部分を見つけて、そこを褒めたり伸ばしたりしてあげることが大切だとおっしゃっています。そうすれば、欠点やわがままが小さくなっていきますし、自分で受け止められるようにもなります。

川口　そう言えば、以前、今回のトークショーを企画していただいたシニア向け分譲マンションの「中楽坊」さんに見学に行ったときのことなんですけど、1階に広々とした共用部があるんです。介護施設ではなくてマンションなので、外出する人とか入居者の方々がすごく行き交っていて、立ち話や声かけもそこここにあるし、娯楽室があってサークル活動があったり、すっごい活気ある集い場になってるんです。

で、私は七夕の頃にお邪魔したんですけど、笹に短冊かけるじゃないですか。中楽坊はどの物件でも、七夕の笹にいっぱい短冊が吊《つ》られた状態になるそうですが、私、それを見てたんですね。そしたら、学校に飾ってある短冊とは書いてある内容が全然違うんです。学校に飾ってる短冊って、さっき教えていただいた小欲がいっぱい書いてありますよね。それでいいんですけど。でも中楽坊に飾ってある短冊は、人の幸せを祈る短冊なんです。「中楽坊の皆様が元気に過ごせますように」とか、平和や戦争終結とか、被災地の復興とか。自分には関係のないことがいっぱい書いてあって、それを見て僕はすごいなと感動しました。あんなに自分のことが書かれていない七夕飾りは、見たことがない。立派というか、入居者の人格というか人となりが想像できました。中には、「阪神タイガースが勝ちますように」とかもありましたけど……。あれ？　これは小欲かな、そうじゃないのかな……。

家田　やっぱり、いいこともご苦労もいろんな経験をされた人たちだから、周りの人の幸せを祈って、周りの人たちが幸せだったら自分も幸せになるということが分かっていらっしゃるんですよ。そういう気持ちがすごく大切だと思います。

◎——お大師さまの言葉を伝える仕事

川口　僕、法話を聴くのが好きなんです。法話って、僧侶の活動の中でも重要なんですよね。

家田　高野山真言宗では僧侶の資格を得た人は、ほかにいろいろなお役目や資格を得ることができます。道はどれも厳しいですけどね。その中に、「高野山本山布教師」という資格（お役目）があります。全国に高野山真言宗のお寺は3000以上ありまして、そこにはご住職や副住職、役僧《やくそう》といった働いている僧侶もたくさんいらっしゃいます。そのうち、本山布教師の資格を取るためのトレーニングは年間10人程度しか受けられません。トレーニング期間は短くても2年以上かかります。この資格をいただくと、高野山真言宗の管長猊下《げいか》の代わりに法話をさせていただけるので、高野山本山内でも下に下りても、本山布教師としての法話ができます。

私も12年前に資格を取りました。みんな寝ることもできない、食べることもできないぐらい、精神的に追い込まれてしまう厳しい1週間を過ごすんですけど。1回目のトレーニング、また2回目があって、その後、30日以上、駐在法話をして試験を受けてという厳しい道のりです。

川口　家田さんの法話は、限られた資格の人しかできない法話ということですか？

家田　もちろん、本山布教師でなくても僧侶は法話ができます。ただ高野山本山内の布教所、そして管長猊下の代わりとなりますと、本山布教師の資格が必要です。出来が悪いと落とされます。御詠歌《ごえいか》のほうの本山布教師は女性も結構おりますが、口説《くぜつ》のほうは、かってはほとんどが男性僧侶でした。

川口　そもそも女性差別があると。

家田　差別というより、しょうがないと言いますか、自然です。明治5年（1872）まで高野山は女人禁制という決まりでしたし。でも男性のお経の声はすごく美しいですよね。集まって唱えると、もっと美しいですから。そういうことで争うつもりは全くないんです。修行のときにも男性がほとんどで、その声が地響きするぐらい美しいので、朝のお勤めのときなど、唱えるのをやめて聴いていていたいくらいです。

川口　低音の魅力というのはありますよね。男声合唱団みたいな。

家田　そうなんです。本山布教師のトレーニングを受ける人たちは布「教師」つまり先生でお手本になられる方々なので、余計にお経が美しいんです。

川口　お経では、男性に勝てない。

家田　勝ち負けじゃなくて、男性が唱えたほうが美しいと私は思っています。女性でも、観音様のお声のような美しい声を出される方がいらっしゃいますが、男性のお経は素晴らしいです。でもそうなると、尼僧《にそう》の役目が減っちゃうんです。布教師になろうと思ったのは、高野山の大学院で「布教」の授業があるのですが、その年の最後の授業で先生が、「布教師という仕事があるよ」とおっしゃったのがきっかけで。

川口　家田さんに布教師を勧められた？

家田　いえ。その先生は今、高野山高等学校の校長先生をされていますが、もともと布教師で、大学院でも僧侶の必須課目である「布教」の授業を持たれていました。誰かほかの生徒としゃべっておられるのが聞こえてきたんです。その瞬間、「私にもできることがあるかもしれない」と、ときめきました。教学部に行って資格を取る方法を聞いて、すぐに申し込みました。

川口　法話には、どういう技術がいるんでしょうか。もちろん知識は必要なんでしょうけど。

家田　本山布教師の法話というのは、絶対にお大師さま（弘法大師空海）のお言葉を入れないといけません。そして、やさしい簡単な言葉で皆さんに伝えないといけない。自分の自慢話はいらない。知識ばっかりもいらないとか、マニュアルではありませんが、いろいろあります。ほかには、作法もあります。

川口　法話に作法があるんですか。

家田　そうなんです。普段はやりませんが、全国のお寺を巡回して法話をする巡回布教師はそれをやります。トレーニング中は、ベテランの僧侶も緊張してやってます。テスト中、たとえば「十善戒《じゅうぜんかい》」といって、不殺生《ふせっしょう》、不偸盗《ふちゅうとう》、不邪淫《ふじゃいん》……と十の約束をする部分があるんですけど、その一つが飛んでしまったり。

川口　ごめんなさい、なんにも知らんもんですから教えていただきたいんですが、法話というのは、落語みたいにネタがあるようなものではないんですか？

家田　自分で作ります。トレーニングの期間は、まずトレーニングを受けられるかどうかの原稿確認があります。原稿を先生に提出してご指導をいただいたり……。といっても、原稿を作ると、原稿のまま読みたくなるから私の場合は嫌なんです。だからいつもはメモ書き、せいぜい箇条書きで2、3行くらい書いておくだけにしています。取材を長くしてますからネタはいっぱいありますので、いかようにもできます。皆さん、いくつかのお話を持っていますが、中には、2つの法話しかありませんとか、一つだけの人もいます。

川口　少ない話を使い倒す、使いまわすというパターンですね。

家田　でも、総本山金剛峯寺《こんごうぶじ》で法話をさせていただくときなどは、ゴールデンウィークやお盆だと1日に2000〜3000人の人がいらっしゃって、中にはずっと聴いていらっしゃる方もいるので、1本しかお話がない人は困るわけです。だから、何本もできる人がよく入っています。

川口　そうですよね。ずっとそこにいる人からしたら、「またその話か！」「それ、さっき言うてたやん」みたいになりますね。

家田　形としては、「法話はこれで終わりました。入場者入れ替えです」というのではなく、好きなときに来ていただいて、法話を聴きながらお茶を飲んでくつろいで、好きなときに帰っていただいています。だから、いくつか話がないと難しい。お大師さま信仰を、もっともっと熱心に広めていかなければいけない時代になってきたんですが、お大師さまが高野山にいらっしゃるというだけでは来てくださらない世代の人たちも増えてきましたので、私たち僧侶みんなで、あれこれと頑張らないといけないんです。

◎――精神科医と僧侶

川口　思い出に残っている法話というのはありますか？

家田　高野山では、いろんなお大師さまの言葉を使わせていただきます。その中のどの言葉が、そこにいる人たちの、誰にとって必要なのかは分かりません。でも、法話の中にどなたかが求めていらっしゃった言葉があって、それがうまく伝わったりすると、法話が終わってから、涙を流しながら「頑張ってみます」とおっしゃる方がいます。

川口　冥利に尽きますね。

家田　「この話をして良かった」と思います。精神科の女医さんに、「その言葉、今の私に必要だったんです」と言われたこともありますね。人の心のケアをされているお医者様が、そういうことを言ってくださった。

川口　精神科医が。そうか、なんとなく精神科医って僧侶に似てますね。心にアプローチしている。言葉やコミュニケーションが大事っていうのも似ています。具体的な部分は違いますけど。よくは知りませんが、精神医学では精神は脳の機能でしょうし、薬の投与とかを含めて科学的な手法で何とかしようとするんだと思いますが、宗教はそうではなくて、人知を超えたものとの関係で捉えるような、スピリチュアルな手法というか。

家田　似ているところはありますよね。

川口　家田さんって日々、悩み深い方とか心を病んだ方と会うということを繰り返すわけじゃないですか。そういう意味では精神科医と通じ合うところがあったのかもしれないですね。

家田　精神科医の研修会で講演させていただいたり、親睦会に参加させていただいたこともありますが、精神科の先生方は僧侶よりも優しいと思います。それと、患者さんのことを引きずってらっしゃる先生が多い。僧侶って、結構、その時間が終わったら切り替えがうまいというか、うまくなるというか……。もちろん檀家《だんか》さんのことは大切ですから、ご病気とか聞くと、家族のように心配されているんですけど、切り替えていかないと、お相手をする人数が多いので体がもたないということもあります。

川口　何なんでしょうかね、その違いは。やっぱり精神って医学的な知見だけでは分からないからですかね。分からないから悩んじゃう。僧侶は分からないということが分かってる。だから、入り込みすぎずに切り替えられるのかも。知らんけど（笑）。

家田　……（苦笑）。

お寺や神社の未来

川口　質問が来てまして、これ僕も結構興味があって訊きたかったことなんですけど、かつてお寺とか神社というのは、町や村の共有財産であり、集い場みたいな役割がありました。そこにある共同体のメンバーのことはすべて知っているから、頼りにされて尊敬もされていた。だから、みんなで掃除したり、そこに集まって何かをやったり、子どもも含めてですね。私も子どもの頃、鳥取の祖母の家に夏休みに行ってたんですが、行くと必ず「八幡さんに手を合わせておいで」って、まず言われました。でも、だんだんとそういう場ではなくなってきています。

家田さんは、お寺や神社の未来はどうなっていく、あるいはどうなっていくべきだと思われるでしょうか？

家田　これは高野山真言宗でも大変なテーマでして、上の人たちもよく話し合っておられるようです。ほかの宗派の方々からも、よく耳にします。お寺に行っても神社に行っても、そこの主とかそこで働いているご家族の姿が見えないのは、やっぱり良くないと思うんです。お寺に行ったら、そこのご住職の奥様や娘さん、あるいは職員さんがいらっしゃって、「よくお参りくださいました」と一言、言ってくださる。「こんにちは」と言ってもらえるだけでも、お参りする方って気持ちがとっても変わります。だから、そのあたりをしっかりケアしていただきたいと。私はお参りする方と迎えるお寺の方と両方の立場が分かりますから、機会があるたびに呼びかけをとお願いをしたりするのですが、偉くなりますぎたのか、誰も出てこないお寺も増えてしまっています。

川口　分かります。墓参りをしても出てこられません。昔は違いました。子どもの頃、親と一緒に墓参りに行くと、住職が出てきてどうぞどうぞって家に上げてもらって、お茶とお菓子が出てきて、何かしゃべってましたね。だからたしか、親も必ず手土産を持っていってたような。

家田　存続問題も大変で、廃寺がとても多いんです。代々お寺をお守りする住職の方々以外にも、私のように実家がお寺ではない在家の僧侶がいっぱいいます。高野山では、特にすぐれた行法師たちが奥の院でお経をあげたり、高野山のいわゆる役所みたいなところで務めたりもしています。また、自坊を持ちたい方は、登録をしていて、お寺や僧侶から求められると、お寺に出逢えるようです。

それ以外にも、職員さん以外にお寺で働いているお坊さんのことを「役僧《やくそう》」といいまして、僧侶資格を持った人たちですけども、そういう方たちが独立したり、お寺を持つ場合、檀家さんがいなければ普通は金銭的な援助がありません。だから大変なんです。私の兄弟子も田舎の山を一つ買って、何もないところからお寺を建てていって、ものすごく苦労されてました。月を見ながら瞑想《めいそう》する会を開いたり、動物のお墓を作ったりして存続のために頑張ってきました。

川口　横浜に、「死の体験旅行®」っていうワークショップをやってる「なごみ庵《あん》」というお寺があるんです。2013年から始めて10年ぐらい経つと思うんですけど、大人気で、延べ4000〜5000人が参加しているそうです。死というものをリアルに自覚することで、本当に大切にしないといけないものに気付かせてくれる、そういうワークショップなんですけど、それを見て、お坊さんもいろんな努力が必要な時代なんだなと思いました。

家田　皆さん努力してますよ。努力しないと存続が難しい世の中ですから。

川口　しかし、高野山クラスでもそういう話をされてるっていうのは驚きでした。

家田　常に心配されています。高野山の僧侶たちが読んでいる『高野山時報』っていう新聞があるんですけど、そこにもお寺の数の推移や将来の推計数の記事が出たときがありました。また、内局という、政治で言えば内閣にあたる偉い僧侶の先生方が、この先のことを案じて会議で話をされている議事録も載っていました。高野山に限らず、ほかの宗教関係の新聞紙上でも、存続についての対策を提案している人が結構いらっしゃいます。

川口　信者の減少は、どこの先進国でも共通している問題のようですね。

家田　だから、若い方を呼ぶためにいろいろ工夫しているわけです。これまで高野山は、「お大師さまありがたい」でした。でもこれからは、それだけでなく、若い方たちにもお大師さまのことを知ってもらいたいです。だからもっと若い方に来ていただくために、私がやらせていただいている法話もそうですし、いろんな才能のある僧侶が、ダンスとか歌とかバンドとか仏画など、それぞれのお寺で、広く皆さんに来てもらう工夫をしています。私の知り合いの僧侶は、自分のお寺で檀家さんに喜んでもらおうと、三味線のコンサートとか、月見とか、あれこれ催しものを積極的にやってます。

川口　へー、そこまでしますか。私なんかは勝手に思い描いている「お坊さん像」があるから、そんなポップなことはせえへんやろなって思ってましたが。でも、今やそうじゃないってことですね。

家田　黒衣を着てるときはきちっとしてなきゃいけないし、本山にいるときはもっときちっとしなきゃいけないので、私もすごいビシッと引き締まった気持ちになるんですけど、黒衣を脱いだお坊さんの一部は、難波《なんば》あたりでも結構はしゃいでます。ニット帽をかぶって。

川口　そうなんですか。ただですね、これは偏見というか、なんと言うんでしょうかね。北新地のクラブみたいな店にお坊さんがいたら、なんかちょっと腹立ちますよ。「坊主丸儲け」ってほんまやなみたいな。

家田　でも京都では「祇園《ぎおん》は白足袋《しろたび》※でもっている」とも聞きますよ。

川口　「祇園は白足袋でもっている」。そんな言葉があるんですか。

家田　神社もお寺も白足袋ですからね。京都にはお寺がすごいたくさんあるじゃないですか。その中の一部のお坊さんたちが使ってくれるので、祇園が賑わっている。遊びだけじゃなくて、体裁も気になさる打合せなどは、大阪なら喫茶店でも、京都だとお茶屋さんになったり。

川口　うーん、なんか京都だったら許せるかな。やっぱり北新地はちょっと腹立つのはなぜでしょう。北新地に坊さんがいたら、「あんたら税金払ってへんくせに」とか、つい思ってしまったりします。

家田　あら、税金は払っているんですよ。結構、お坊さんに対して税務署とか国税とか厳しいそうなんです。このあいだも聞きましたけど、国税が入ったりするんですって。

川口　そうなんですか？　誤解してました、僕。

家田　一度ご本尊様に上げて祈願したもの、たとえばお守りとかに関しては税金はつきませんが、ほかのものにはつくようです。

川口　そうですか。宗教法人とはいえ、商売というか事業をすると普通の会社と同じなんですかね。いや、何しても無税かと思ってました。

家田　経済的にはというか、懐《ふところ》具合は上から下まで差が激しいですからね。もちろん上は京都で桁違いなんじゃないですか。

川口　ご存じかもしれませんけど、記者クラブってあるじゃないですか。京都には「宗教記者クラブ」っていうのがあるんです。宗教記者クラブがあるのは、世界で京都とバチカンだけらしいです。それぐらい京都って世界に冠たる宗教都市だから、町と宗教が一体になっている。だから祇園のお茶屋さんでお坊さんが飲んでいても違和感がないんですよね。その点では、北新地は何かが違ってましてて……。

家田　新地は、もういいんじゃないですか（笑）。

◎――お遍路が問いかけるもの

川口　お遍路に関する質問が来ています。「お遍路が問いかけるものは、何なんでしょうか」。お遍路って何のためにやってんの？ということかもしれないし、お遍路に惹《ひ》かれる人がこんだけ多いのはなぜ？という意味かもしれません。

家田　お遍路って、マスコミはよく悪いイメージで捉えますよね。芸能人が何かしくじると遍路に行くとか、罪滅ぼしに行くとか。

川口　菅直人さんが行ったみたいな、そういうイメージありますね。

家田　それはイメージで、実際に行っている人たちは前向きな人ばっかりです。罪滅ぼしではなく、歩くのが好きっていう人もいますし、何か自分を変えたいとか、自分を見つめたいとか、リフレッシュしたいとか。何か目的があって前向きに、何かを摑《つか》みにいくという人がほとんどなんですよ。

あとは供養のためとか。私のように、たとえば「新型コロナが収束してくれますように」と一つの願掛けで回ったりとかもありますが、いずれにしても皆さん前向きです。懺《ざん》悔《げ》の人はほとんど見ません。体力を使うので、みんなひいひい言ってますけど（笑）。

川口　そうでしょうね。

家田　女性の40代か50代ぐらいの人たちが、お友達同士で行っている場合もありますけど、もうひいひい言ってて、「食べては座って食べては座ってだからね。だからちっとも進まないよ」って笑ってます。皆さん明るいです。

川口　お遍路に行ったらこれが得られる、という具体的なメリットみたいなものはないわけですね。

家田　はい、よく四国の人に言われます。「何かいいことあるの？」って。いいことはそんなにない。でも、歩けなかった人が歩けるようになったとか、車いすだった人が観光ツアーで行ってお遍路やっているうちに車いすから立てたとか、家出している娘が帰ってきたとか、皆さんには、いろんなご利益《りやく》はあるみたいです。私の場合は、18年間ずっと、毎月巡れるだけの時間と体力とお金、それと周りの理解、そういうものをいただき続けていることがご利益かなと思います。

それから、自分を見つめることができます。それは歩きだけじゃなくて車でもバスでも自転車でも同じように、自分を見つめたり自分に問いかけたり、そういうこともできます。バスで行くとしても、お寺に着けば降りなきゃいけないから、自然のエネルギーが降り注いできて、体も心も喜んでくれると思います。私の場合、いつも原稿を書いてて眠らずに遍路に行くので、面倒くさいなとか、寝てないから眠いなとか思うときもあるんですけど、歩き始めるとすぐに元気になるから、来て良かったって笑顔になってきます。

◎——体と同行二人

川口　お遍路を続けるために、体を鍛えてらっしゃる。

家田　18年前から毎月2泊3日か1泊2日でやっています。遍路は足が大切なので、足のメンテナンスは必ずやっています。1日何十キロと歩くので、まずホテルに戻ったら、白い湿布薬をベタベタと、足の甲と裏に貼ります。熱を持ってるので湿布で熱を取らないと、足裏シートぐらいじゃダメなんです。それで膝とかも全部、手当てして寝ます。自宅に戻ったら必ず整骨院に行って、足の血の巡りを良くしていただいて、ずれてるところも直していただきます。そうやってメンテナンスをして、体に対してありがとうといつも言うようにしています。

川口　お遍路を18年間。あのー、思い切って聞きますけど、やっぱりだんだん年とともに、体にくるな……みたいなことは?

家田　私はすごい綿密に予定を立てて行くんです。たとえば電車を降りて四国に着いてそこから歩く。何分に電車の駅を出発する。坂や階段もありますから、私は時速5・8キロぐらいから6キロぐらいで歩いています。計算してどこどこの札所に何キロだから何分に着く、休憩時間がいつどれぐらいで、それで何分に札所を出る、次は何キロで途中に何キロの坂があるから……とか細かい計画。それを綿密にやって毎回記録につけています。そういう計画表を持って歩いています。今年は辛いなと思って比べてみると、去年よりタイムが速かったとか、そういうことが分かるんです。

川口　それは分かりやすい。

家田　常に年を忘れておりますので、年をとるから衰えるという考えは全くなく、これまでと同じようにやっていくことが大事だと思っています。遍路以外には、ゴールドジムの会員なので、さぼりがちですが、会費がもったいないので、ときどき思い出しては通ったり、自宅でスクワットや腹筋をしています。年のせいではなく、何歳でも怠ければ体は正直に衰えます。

川口　遍路のためにというよりは、遍路に行くことを含めて体のケアをしている。

家田　普段から足をとにかくケアして、またお遍路に行くっていうことが大切だと思っています。それと、体へのお礼はぜひ皆さんも試してほしいです。いつも毎日、「今日も頑張ってくれてありがとう」とか、無理しているときは「ごめんね、無理させて」とか、「この後必ず休むからね」とか、「仕事が忙しいからもうちょっとだけ一緒に頑張ってね」とか、そういうことを体に言ってあげてください。心の中で思うだけじゃなくて声に出したほうが、ありがとうの気持ちがますます強くなると思います。

病気のときも同じです。病気の部分を捨てたいという気持ちではなく、「一生懸命、頑張ってくれてありがとう」。手術でそこの部分を取らなきゃいけないときも、「ここの部分が犠牲になってくれてるんだ、私の体を助けるためにありがとう」と手術の前にぜひ言ってもらいたいんです。私たちは、生まれたときから体と同行《どうぎょう》二人《ににん》※で、命の幕が下りるまで一緒です。体という器を借りて一緒に生きているのですから、体に思いやりを持っていただきたいです。そう言うと笑い飛ばす人もいますけどね、いいんです。私は自分の体を思いやってあげたい。

川口　僕は、自分の体は自分のものというか、体を思いやる対象だとは思ってなかったんですけど、家田さんといろいろ話をさせてもらって、自分と自分の体を別物として考えるっていうことを非常に学びました。ある意味、体という器を借りて体と一緒に生きている。そんな発想なかったので。

家田　それだと体を大切にしなかったり、無理をさせちゃったりとかすると思うので、体と仲良く一緒に生きていく。病気になったときは、これは体が出している「助けて」のサインですから、体を非難したり病気を嫌ったりせず、サインを出してくれた体に感謝して、一生懸命治療してあげていただきたいと思います。

※能登の震災：能登半島地震。２０２４年１月１日に発生。マグニチュード７・６。最大震度は７を観測した。

白足袋：京都で、僧侶や茶人、老舗呉服店や花街の関係者など、裏で影響力を持つとされる人たちを指す。

同行二人：お遍路を巡るときに、弘法大師空海がいつもともに歩んでくれていること。

第4回

私らしい〝健やか〟を見つける

2024年2月5日　中楽坊情報館にて

◎──不幸の連鎖

川口　毎回、たくさん質問をいただくんですが、今回はこれからいきたいと思います。「家田さんは子どもの頃、虐待やいじめを受けたのに、どうして人に優しくなれたのでしょうか」

僕もこれは興味あります。一般的に、虐待が新しい虐待を生む、要するに虐待をする親というのは、自分の親から虐待を受けたから、子どもにも同じことをするんだというような、不幸が不幸を生む、不幸の連鎖・再生産ということがよく言われます。家田さんは全くそうではないわけで、それはなぜ、何が違うの、と思ってしまいますが。

家田　私は、自分が暴力を振るうことが怖いです。もちろん暴力を受けるのはとても怖いです。でも同じように自分が暴力を振るうのも怖い。いじめは、たくさん受けました。子ども時代だけでなく、マスコミや出版の業界に入ってからも、男性社会でしたので、男性からたくさん。でも、それを乗り越えて生き残ることが当然というか、乗り越えなければ生き残れないという時代でしたから。

川口　暴力やいじめを受けたら、やり返したろとか思わないんですか。やられたらやり返す、倍返し！とかリベンジとか（笑）。

家田　リベンジはないです。競争心がもともとあんまりないですし。自分が受けたような苦しみは、これ以上は増やしたくないなと思っています。

川口　しかし、一向にいじめはなくなりませんね。つい最近も、宝塚歌劇団の内部で起こっていたいじめの報道がありました。教員同士とか自衛隊とか公務員組織でのいじめも騒ぎになりました。会社でも同じ。いじめって、今やもう子どもや学校だけの話ではなくなってしまっています。

家田　今はすぐ裁判になったり、マスコミに先にしゃべっちゃったりしますよね。でも、その前に皆さん、もっと話し合えばよかったのにと思います。

川口　法的に争ったりする前に、もうちょっと当事者同士で合意形成できればいいのにということですか？

家田　そう。それと、マスコミに話す前に、それだけ話せるんだったら当事者同士でもう少し話し合いができなかったのかなと。今、話し合うっていうことが苦手な人が増えてるんだなと思います。

川口　それは感じますね。世の中全体が、互いに歩み寄る努力をしなくなったのはあります。自分の主張をするだけで、聞いてない、受け入れない、そもそも受け入れる気が最初からないような。そういう人たちが集まった会議とかって何の意味もないです。

家田　私もそう思います。それに何か一言、口にするとすぐに「言葉狩り」といいますか、「ダメな言葉だ」とか「ハラスメント」と言われたりして、すごくいろんな制約があります。いじめでも何でも、解決するための話し合いができないような状態に、世の中がなっています。

川口　物書きでいらっしゃるから、今のようなものを言いにくい、言葉狩りのような空気っていうのは余計にお感じでしょうね。

家田　すぐに揚げ足を取られたりね。そのくせ省略日本語はＯＫ。マスコミが一つの流れを作るんです。誰が悪者で誰がヒーロー（ヒロイン）か作り上げていくのですが、その流れに逆らって違う意見を口にすると、またバーッてマスコミからだけでなくＳＮＳからも批判、攻撃されます。それで自殺される方も……。

川口　息苦しい世の中です。家田さんがYouTubeでしゃべったことが記事になって、よくYahoo!ニュースに出てますよね。ほんと今のマスコミって取材もせずに、YouTubeを見て記事を書くって、まあなんと楽な商売っていうか、そんなのジャーナリズムって言うのかな。1年ほど前に全国紙のOBの方と話をしたんですが、最近の記者って裏取りを電話で済ませたり、Xでネタ探したりするんですって。いいんですかね、そんなので。

家田　めんどくさいことはしないといけないと思います。間違っていても出した者勝ちみたいなところも今はあって……。

川口　でもYouTubeを見てると、家田さんは、批判されるギリギリのところを発言するのを、何となく楽しんでるように見えますが……。

家田　いえいえ、楽しんでませんよ。反対や非難のコメントが来るとやっぱりすごく嫌です。本気で落ち込むことも、頭にくることも結構あります。あと、この人は正しいと断言してるけど、何でこんな上から目線な言い方をして叩くんだろうっていうのもあります。

川口　この間、さだまさしさんが加藤タキさんとの対談本『さだまさしが聞きたかった、

「人生の達人」タキ姐のすべて』（講談社）の中で、日本語が非常に崩れてきているし、日本語が通じない人が増えてきていて、そのせいで頑固になって、言いっぱなしの人が増えて、折り合うとか協調するというのができなくなっている、日本語力がすごく劣化しているみたいなことを言ってはりました。家田さんは作家でもあるので、その辺はどうですか？　街角インタビューとか、いろんな人と話されることも多いと思うんですけど。

家田　ちゃんとした日本語をしゃべらなくなってきたのと、略語が多くなってきたというのは感じています。おばちゃんの略語は昔からあるのでいいと思うんです。でも若い子たちの略語が増えてきて、言葉の美しさが失われてきたのと、きちんと日本語をしゃべらずに途中で話が止まって、お互いの気持ちが理解できないというのはあるように思います。あと、断定すればいいのに、「～ってカンジ」と、たとえばテレビのニュースインタビューで、事故を目撃した人まで「バーンって音がしてってカンジ」とか一言加えていて、なぜちゃんと「バーンって音がして」と断言しないのか不思議になります。

川口　大阪ってもともと略語が多いですよね。谷町《たにまち》四丁目をタニヨンとか、天神橋筋六丁目はテンロク、南森町《みなみもりまち》をナンモリとか。

家田　住所ですよね。御堂筋線の駅「西中島南方」もやたら長いからそれはいいんじゃないですか（笑）。

川口　そうですよね。そういうことじゃなくって、基本姿勢として、もうちょっとお互い丁寧に対話しようよということですよね。

◎―いいことも苦しいことも「自分持ち」

川口　話を少し戻しまして、家田さんは、いじめられたけど自分は他者をいじめないということですね。

家田　はい。痛みを知ってますので。人は痛みを知ると優しくなれます。苦労したり辛い思いをしたりすると、希望の芽が出るといいますか。

川口　そうするとですよ、いじめられたからほかの人をいじめるとか、自分が暴力を受けたから人に暴力を振るうというのは？　それは本当の痛みを知らないからでしょうか。痛みを受けたから人に痛みを与えてはいけないと考える人と、痛みを受けたから人にも痛みを与えたろって考える人。自分の経験の咀嚼《そしゃく》の仕方がだいぶ違いますよね。

家田　でも人に暴力を振るっても、いいことなんかないじゃないですか。人にいじわるしたって、自分の心が病むだけです。だったら辛くても明るいほうを向いたほうがいいと思います。苦しいことも悲しいことも、いいことも「自分持ち」ですから。

昔住んでいた町へ供養ごとで帰ると、私をいじめていた連中が、どうして知ったのか会いに来るんですよ。昔のことは全く覚えていなくて笑ってます。でも、その人たちの人生を見たときに、何て言ったらいいのか……。

川口　あ、ろくなことになってない？　神の思《おぼ》し召しというか因果応報？

家田　いえ、はっきりと私は申せませんが、まあいいかな、許せるなと思いました。

川口　まあいいかなと。あいつにリベンジしたろかとか、ざまあみろとか、そんなことを思うヒマがあったら、前を向けってことですね。

家田　はい。もちろん痛みの記憶というのはすごく辛いことで、未だに残っています。まあいいかなと思ってはいますが、許しているわけではないかもしれません。でも後ろを向いて歩いたら自分のためになりません。前を向きます。自分の人生が大切ですから。私も未だに、隣の人がその人の髪の毛を触ろうと手を上げると、手の上がり方が殴る角度と同じなので、体がビクッとします。体が覚えていますから。昼間でも、後ろを人が歩いてるとやっぱり嫌なので、ずらして歩いたり、エスカレーターでも人に背中を向けるのが怖いので、横向きに乗ります。

川口　おー『ゴルゴ13』みたいな。

家田　（苦笑）。それだけ残っているということなんですよ。だけどその辛さは「自分持ち」だから、やっぱり自分の中で解消していくしかないんです。むしろずっと辛い思いをしてること自体が悔しいじゃないですか。

川口　「自分持ち」っていう言葉、私、初めて知りました。

家田　苦しいことも楽しいことも、持っているのは自分の心ということです。人のものじゃないので、自分の心の持ちようによって苦しみを減らすことができます。嬉しい気持ちも自分次第で、たくさん持つことができます。

◎──若さ信仰

川口　質問が来ています。「家田さんは、いつも活気に満ちて、若々しい感じがいたします。その秘訣を教えてください」。そして同じような感じですけど、「美しさの秘訣は何ですか」っていうことなんですが。

家田　繰り返しになりますけど、年齢というものを忘れていますので。ナンバーは増えていきますが、若いとか老いたとかの基準は、一人ひとり違うので、そういう年齢をもとにした発想を生活から外すことです。

川口　それ、でも難しいな。年とともに自分の体の状況とか、気持ちの緩みみたいなのをだんだん許すようになって、「もう年やしな」みたいになりますよね、だいたい。

家田　私はそれがないんです。「もう80歳だから」とか、「もう90歳だから」って、「もうって何？」と思います。

川口　僕、高齢の方、特に女性の方たちからよくクイズを出されるんですね。「私、何歳やと思う？」って。あれ困るんです。本音は「何歳でもよろしいやん」という感じなんですけど。そうは言えないので、答えないとダメでしょ。でも、実年齢より上を答えたらアカンわけですよ。実年齢よりすごい下の年齢を言ったら、それはわざとらしいじゃないですか。困るんですよね、あれ。何歳って言っていいか分からない。

家田　年超えてたら失礼ですよね。私も訊かれたら困ります。

川口　そう。それって、「私は年齢よりも若く見える」という自覚があるということです。要するに。それは、年を忘れてるのとは違いますよね？

家田　「若いでしょう？」は、何かと比べて若いということなので、違いますよね。比較する対象についても、忘れておいたほうがいいと思います。

川口　背景としては、「アンチエイジング」っていう言葉が象徴的なんですけど、いわゆるエイジングっていうか、年をとるっていうことに対するネガティブな見方というか、若さ信仰っていうのが日本ではすごく強いですよね。

家田　私が年齢を公開してないのは、男性による年齢差別が昔からいっぱいあったからです。20代の頃でも取材に行くと、「何だ、もっと若いのが来ればいいのに」って対面して言われたりとか。講演に行っても「意外に若いですね」とか。何をもって「若い」って言ってんのかなと思っていましたが。「ああ、もう何歳だからダメだよ」とか、そういう差別がいっぱいはびこっていますね。

テレビを見ていても、俳優さんの名前の下に年齢が出てきます。外国の俳優さんは出てこないのに、なぜ日本人は普通にインタビューに答えるだけでも年齢が入るのか。おかしいですよね。お葬式に参列した芸能人まで年齢が出ているから、有名な方のお葬式に行かれなくなってしまいます。

ナンバーというか暦の年齢と実際の体の年齢、それに頭や精神の年齢とは違うと思うんです。単なるナンバーによる差別がなくなったらいいなとホントに思います。

川口　一方で、最近では小泉今日子さんとか、年とったのをあえて隠さない女優さんとかがいて、それを格好いいと言う人もいるようです。ちょっと例外かなとは思いますが。

江戸時代とか明治の頃って、敬老というのは年寄りを大事にして敬うというよりは、ちょっと憧れの対象として、「ああなりたいな」みたいな感じの、若い人が「あんなお爺《じい》さんみたいになりたいな」っていうのがあったんだろうなという感じがするんですよ、いろんな本を読んだりしてると。いい上下関係って言うんですか。「年の上のヤツ、うっとうしいな」とか「嫌やな」とかいうよりは、「あんなふうになりたいな」っていう感じがあったと思うんですけど、最近は年とってる人が増えて、「ああはなりたくないな」というか、若い人が「あんなのを見ると、年だけはとりたくないわ」みたいな感じで思ってる人が多いなと思って。で、そういう意識のまんま高齢化率が高くなっていくと、これはひどい世の中になる。

家田　ひどい話になりますよ。若い世代の人は、周りをあまり見てないように感じます。町を歩いていると素敵な人とか格好いい人、いっぱいいるのに、スマホばかり見てるし、高齢者はいらないような扱いをテレビのコメントや討論でもされているので、すごく心が痛いです。

かつて私が新橋の整骨院に行ってたときに、当時のドトールの会長さんに、よく整骨院でお会いしたんです。私がお会いしたときは80代だったと思いますが、背筋をピシッとされていて、ダンスが得意で、ダンス相手の女性が三人ぐらいいらっしゃるそうで、すごく格好良かったです。私もそうありたいと憧れました。

それと最近、仲良くなりつつあるのが、梅田堂島店のマクドナルドの女性です。マクドナルドにはラウンドといって、席をきれいにしたりお客さんを案内したり、できあがったポテトを運んだりする役の人がいるんですけど、この方は70代くらいかなと思いますが、笑顔でハツラツとされてるんです。外のテーブルを拭いたり案内したりするのは肉体労働なので大変だと思うんですけど、笑顔と挨拶が人を幸せな気分にしてくれるんです。その店で、カウンター内の若いクルーたちの笑顔って見たことないですけど（笑）。四ツ橋店でもご高齢の男性がラウンドをされていますが、挨拶の気持ちいいこと！　嬉しくなります。すごく素敵だなと思いました。

川口　僕が知ってるおばあちゃんも、今、80代前半ですけどピンピンしてて、ちょっと滑《かっ》舌《ぜっ》が悪くなってるんですけど、自分で花を買ったり、自生しているものを取ったりして、みんなのためにマンションのオープンスペースに、背丈以上の高さの生け花を、毎月しはるんです。お金ももらわず、みんなのために「私、これ得意だから」って言って。素敵ですよ。

家田　素敵な人！

◎――誰にでもお役目がある

川口　「次々と変化されるエネルギーは、どこから来ていますか」。この質問をされた方は家田さんウォッチャーなんでしょうね。

家田　そうですか。変化してますか？

川口　そりゃそうですよ。女優を志して、ライターになって、作家になって、僧侶ですから。この変化の振れ幅は、あまり普通の人では見られないかなと思いますけど。

家田　でも僧侶と作家は両方やっていますから。何て言うのか、自分に何ができるかを考えているだけなんですけどね。作家として取材しているときに、自分の苦しみをしゃべりたくてもしゃべれずに頑張っている人たちのために、駆け込み寺をやりたいなと思ったんです。で、そのためには資格がいるから、高野山で皆が通るべき道を通って学んで。僧侶になったら男性僧侶のお経は本当に素晴らしくて、だったら尼僧にできることは？と探したら、本山布教師のお役目があると知って、その勉強をして、高野山本山布教師になれた。やっとお大師さまに私ができる恩返しのうちの一つを見つけられたと思っています。

川口　家田さんからすれば、別に変化してるわけじゃなくて、自分に何ができるかを考え続けただけやと。

家田　そうです。『極道の妻たち®』の取材も、山一抗争というすごい全国レベルの抗争の最中で、男性のヤクザにツテのある男性記者たちが一手に引き受けて抗争の記事を書いていました。内容は男性の親分の話ばっかりで。私は、その後ろには絶対女性がいるはずだ。妻や恋人はどうしてるんだろう、お子さんはどうしてるんだろうって、隙間を見つけたわけです。

川口　普通の反応をすれば、目のつけ所が素晴らしいということなんでしょうけど、家田さんのお話を聴いていると、目のつけ所っていうよりも、「私が役に立てることが、何かあるんじゃないか」ということを、ずっと考えてきたということなんでしょうね。その結果、普通の人は目をつけないところに目が行く。

家田　ご迷惑をかけないように隙間でやってきただけなんです。「隙間産業」と、私は自分の仕事のことを言ってます（笑）。誰にも必ず、この世に生まれた理由、自分のお役目がありますから、小さなことでいいから無理なくできることをやっていくことが大切だと思うんです。

川口　才能がある人とか輝いてる人とかを見ると、自分には無理やなみたいに思ってしまって、自分の能力でできることを探す姿勢を失っちゃうところがあると思うんです。

家田　比較するからいけないんです。私は私でいいんです。宿曜占いで言うと私の宿曜は「軫宿《しんしゅく》」で、27宿の中で一番運がないんです。なので努力するしかないと諦めていますから、人とは比較できません。

川口　それぞれに宿命というものがあるのだから、比較には全く意味がない。

家田　誰であっても、世の中には何かしらのお役目があるんです。

川口　私にできることは何か、と考える。

家田　はい。だから小さいことで言えば、ゴミを放っていく住人がいますから、マンションのゴミ置き場のゴミの整頓や軽い掃除。私は毎日やってます。

川口　それって、行みたいなものでしょうか。

家田　いえいえ、汚いのが視界に入るのがイヤなんです。ここだけはきれいにするとか、笑顔を向けたら人は笑顔になれますから、その人を笑顔にしてあげる、いい気分にしてあげるというお役目をやらせてもらっています。そういうことも大切だなと思います。

◎——男性が長生きする方法

川口　今度は、会場の皆さんからの質問をお受けしたいと思います。はい、どうぞ。

参加者　日本人の平均寿命は、6〜7歳女性のほうが上です。男性の高齢者はどういう生き方をすれば、女性の寿命に近づけるとお考えでしょうか。

川口　お、狙ってますか、長生きを。しかし「なんで男のほうが短いのか」って改めて言われてみると……どうなんでしょうね。男が先に死ぬほうがいいじゃないのって、私は思ってましたけど。そのほうが平和かなとか（笑）。

参加者　なぜ、こんなに男性と女性で平均寿命が違うのか。自分なりに調べると、ホルモンのこととか、出産による影響とか、男性はストレスに弱いとか、そういう動物的な意味合いのことは分かるんです。ただ家田さんの話を聴きながら、男性がもっとこういう場に来たりとか、もっと自分たちも日々の暮らしを楽しむとか、女性とはそのあたりの姿勢が違うからかなあと考えていました。もっと楽しんで生きるというか、人生の楽しみを見出すためには、どういうことが必要なのかというアドバイスをいただけたら。

家田　私の師僧、仏教のほうの師匠は池口恵観先生と言いまして、阪神タイガースなどプロ野球選手が火の護摩行に行くことで有名なお寺の僧正です。今は高野山の清浄心院《しょうじょうしんいん》を含め3つお寺をお持ちです。米寿のお祝いが昨年（2023年）ありました。「1日100歩しか歩かないよ」と言って笑っていらっしゃるんですけど、野望が湧き上がり、次から次へと人のために、いろんなことをやっていかれるんです。だから、目標を持つことが大切なのかなと思います。

火の護摩行って熱いんですよ。顔も手も火傷《やけど》します。それを毎日続けていらっしゃる。大尊敬しています。衰えることなく日々頑張って人の見本になっていらっしゃるから、相当なパワーがおありだと思います。マスコミは「怪僧」と名付けてますよ。

川口　すごいですね。ただ、日本は「定年退職」って仕組みがあるから、目標や居場所を、特に男性は失ってしまいがちです。だからこそ、改めて目標を持つことは大事なんでしょうね。

◎――学ぶ意欲

川口　目標ではないかもしれませんが、年をとって、学ぶ意欲が向上してくる人がすごくたくさんいますよね。かなり多い。文化センター、シニアカレッジみたいなところに行くと、すごい人数が集まっておられます。昔から、これってどうしてかなと思うんです。学ぶ分野としては特に、いわゆる精神世界のこととか歴史とかが人気ですね。若い頃にもっと勉強しとったらよかったという悔いがあるのか、そうではなくて、年をとると若い頃より広い視野でものが見えるようになって、興味が湧く分野が見つかって、学びに前向きな気持ちになっていくのかなと思ったり。

家田　若い頃は、ほかにやることがいっぱいありますものね。勉強したいと思っても、目の前にある楽しいこととか、人との付き合いとか、いろんなことが忙しくて。あるいは、若くしてお子さんを出産される方もいらっしゃいますし、自分の時間の使い方がうまくいかなかったりして、目の前のことだけにがむしゃらにならざるを得ない時期もあります。年を重ねて、落ち着いてから学びたくなるのは、やりたいことのやり時が来たということじゃないでしょうか。

川口　それなら、とても豊かなことですよね。やりたいことをできるようになって、時間もお金も使えるようになって。まあ一方では、特に男性で、「やりたいことが見つからへんのや」と言うてる人も結構います。やりたいこと探しって、若者みたいですけど。

家田　うちの父親もそうです。「時間が余ってるなら、もっと、お人の役に立てるようなこと何かしたら?」と言っても、「何もやりたくない」「見つける気はない」とかたくなに言います。でも、やりたいこと探しもお役目だと思うんです。大きなことでなくてもいいんです。大きなことをやろうと無理をしてもつぶれますから、自分にできるちっちゃいことがいいんです。それを続けることが大切なんです。だから続けられるくらいのことをしてほしいんです。

◎──大切な人を亡くす

川口　男女の違いで言えば、大切な人を亡くして落ち込むというのは、やっぱり男性のほうが多いですよね。女性の場合は違います。一度落ち込んでも、時間が経てば立ち直ってくる。ご主人が亡くなって1週間ぐらいしたら、もう完全に立ち直っている人、私、知ってます。めちゃくちゃ復活早いなと。お会いしてびっくりしました。

家田　失礼ですが、保険金が下りたんじゃないんですか（笑）？　そういう奥さん、取材した中でいましたよ。

川口　いやいや、そんな身も蓋《ふた》もない……（笑）。で、その人に、「復活早いですね」って言ったんですよ。そしたらやっぱり、それなりに介護などの期間があったので、覚悟ができてたって言うてました。ご主人、重度の認知症だったらしく。

家田　きっと介護疲れから解放されたっていうのもありますね。

川口　そうですね。半年ぐらい介護をして。だから復活というよりは、ホッとされたのかもしれませんけど、周りもびっくりしてました。でも総じて、女性はやっぱり伴侶を亡くされたときにも強いというのは、あるでしょう？

家田　どうでしょうか。人によるんじゃないですか。それに辛いことは本当に辛いんですよ。それを表に出せる人かどうかもあります。また、女性でも、男性への依存度の強かった方は困っちゃう人もいるでしょ。

川口　たしかに、伴侶を亡くして落ち込む度合いは、それまでの依存度に関係しているというのはあると思います。依存していればいるほど、失ったときのショックは大きい。いかに依存していたかに気付いてしまうというのもあるかもしれません。

男性の依存度は、だいぶマシになってきました。高齢者向けのセミナーで、「家事をしている自覚のある人？」って訊くと、3〜4割、手が上がるようになりました。掃除、洗濯、炊事、洗い物、「俺やってるよ」って言う男性がそれくらいいる感じです。まあ、ほんまにやれてるかどうかは分かりませんけど。奥さんからしたら、やめてくれっていうケースもありそうですしね。ただ、いずれにしても男性が家事をするようになりました。10年ぐらい前は、同じことを訊くと大体皆さん下を向いてました。奥さんにあんまり迷惑かけたらあかん、って思う優しい男性が増えてきたのかな。

僕、高齢女性ってすごいなと尊敬するんですけど。ご主人が定年を迎えたら、洗濯の仕方とか、洗いものとかを教えてはるんです。「この人は、何にもでけへん」ということがよく分かってるから、自分が先に死んだときに備えて、教育しようとしている人が多いんですね。「教えてあげる」って言うとご主人がむくれるから、上手に教えないといけないとおっしゃるんですけど。でもやっぱり教えるのも簡単じゃないみたいで、「教育失敗したわー」って言うてる人もいます。「私がおらんようになったらどうすんねやろ、あの人」って話してる。これって、「もし私が死んだら」っていう前提で、その先のご主人のことを考えてるわけですね。それはすごいな、愛やなと思って。男は、そういうレベルにないと思いますね。

家田　すごく偉い、ご高齢の僧侶が奥様を亡くされたんです。そしたら、お友達の僧侶に電話をしてきて、「足袋の洗い方が分からんのだけど」って。奥様が全部やってらしたんでしょうね。

◎——婚活パーティー

川口　そんなことも含めて、女性のエネルギーにはかないません。

家田　前に熟年婚活パーティーや婚活ツアーに、取材で参加させていただいたんですが、女性のほうが積極的です。男性は消極的な方が多くて、会費を払ってるので、とりあえず食べるだけ食べて、飲むだけ飲んだだけで、カップルにならなかった人たちが3、4人集まって、「今日も駄目だったね」って言ってグループになって帰っていく。男性は、遠慮しすぎてるんじゃないかなと。でも、あまり声かけすぎると、「あの人、ちょっと軽くて嫌ね」ってなるから難しいですね。

川口　大阪の梅田で、未婚か伴侶と死別された高齢者に限定した、いわゆるお見合いパーティーみたいなことをやってる会社の社長にお訊きしたら、「やっぱり高齢男性はいろいろ教育せんと、うまくマッチングできない」って言ってました。一番に言うのが、「自分のことはしゃべらないように」ということだそうです。みんな自分のことばっかりしゃべるんですって。で、二番目は「清潔にしなさい」。この2つをまず教育しないと、マッチングしないいんだって言うてはりました。

家田　私が知っている熟年婚活バスツアーの女性経営者さんも、男性に「清潔なものを着なさい」って。「別に新調したものや高いものじゃなくていいから、清潔なものをとにかく着てきてください」って教えているそうです。

川口　なんか新入社員みたいですね。もともと立派な方々に違いないのに不思議ですが。偉くなったり、年をとったりしたらそういうとこが緩んじゃうのかな。

家田　プライドが高いのか、自分から話しかけていくのが嫌なのか。一般論で言えば、失敗が怖いのと、相談することが苦手、男性は。それは、年が上になればなるほど。だから、もう少し女性のように積極的にすること。声をかける、おしゃべりする、どこかに出ていくということを面倒くさいと思わない。自分の家の中に閉じこもらない、自分の殻に閉じこもらない、頑固になりすぎないのが大事だと思うんですけどね。

川口　現役時代に成功体験があったり、偉い肩書きとかあったりすると、ちょっと殻というのか、心の中に何かができちゃうという感覚はあると思うんです。

家田　そういう方には、お遍路がお勧めですね。どうしてかというと、お遍路って、肩書きとか年齢とか職業とか、どんな人生歩んできたかとか、性別とか関係ないんです。皆、「お遍路さん」って呼ばれるんですね。みんな平等なんです。お遍路先で時々、元の会社の名前を入れた名刺で、その会社名に線を引いてるのをわざわざくださる男性がいらっしゃるんですけど、「まだまだしがみついてらっしゃるな」と思ってしまいます。そういうのを取り去るためには、お遍路ってすごくいいと思います。お遍路さんって、みんな一緒なんです。

川口　たしかに。それに体を動かしますし、「自分は一《いち》お遍路だ」っていうふうに思い込む時間がたっぷりと生まれるでしょうから。

家田　そうなんです。たとえば私、足が速いじゃないですか。お遍路新人の方で私に抜かれると、「あんたは荷物が小さいからよ」と……、わざわざ言ってきてくれる人もいます。

川口　あー、勝ち負けの世界にいるわけですね。

家田　そういうことを言ってくる人もいますけど、そのうち皆さんだんだん変わってくるんです。人それぞれでいいんだよって。歩き方も人それぞれでいいし、どちらが速いかを争ってるわけでもない。自分のペース、歩幅でいいのよということで。歩きの場合、ご夫婦で行かれるときは、何時にどこで会おうと決めておくのがいいそうです。でないと道中、喧嘩しちゃったりするんですって。休みたいときに休ませてもらえなかったりとか、遅いとか速いとか。

川口　分かる気するな。

家田　喧嘩しちゃうケースが多いので、たとえば宿で落ち合おうとか決めておいて、あとは自由にしておくと、宿での会話も弾んで仲良く遍路ができると思います。

◎──人付き合いがしんどくなったら自然を見に行く

川口　次の質問です。「人付き合いがしんどくなったときは、どうやってリフレッシュしていますか」。

家田　自然を見に行きます。

川口　行《ぎょう》に行くということですか？

家田　行以外に、いつも年末に私は高知県の室戸《むろと》の海に行きます。その前の日に、高知県の36番札所・青龍寺《しょうりゅうじ》さんで、一年のお礼で滝行をします。室戸の海を2時間ぐらい見ています。時間を忘れます。空も見ています。ほかには、じっとしてるのが苦手なので、山ごもりはしませんが、登拝行《とうはいぎょう》はします。

川口　山登りは行ですか？　リフレッシュ？

家田　山登りは行でなく山登りですが、私が行くのは霊山ですから、行です。霊山行、または登拝行と言いますが、目が洗われますよ。やっぱり青空や海。

川口　海や山に対する想いというのは、信仰心とも関係してそうですね。

家田　室戸は、お大師さまが修行されたところなので、室戸の海を見ながら、お大師さまは、この海岸のどこに座って行をされたのかなとか、どんなことを考えてらっしゃったのかなとか、そういうことを想います。

川口　ちょっと関連する質問です。「パワフルさと繊細さが共存している精神をお持ちのように、お見受けいたします。どのような心構えと精神力で人生を乗り切っておられますか」。

家田　そんな難しいこと、考えたことないし、考えていないです（笑）。

川口　家田さんの話を聴いてると、「パワフル」っていう感じはしないですね。なんというか、自然に生きておられる。

家田　そうなんです。ただ積み上げてるだけ、こつこつとやってるだけです。だからパワフルに頑張ってやっているというのではないし、私は自分の興味のあることしかやってないと思います。

そんな私でも、ライター時代から、ないことばかり書かれてバッシングされてきました。暴露系の雑誌に話が一つ出ると、あと追いで、ほかの雑誌にもあることないこと書かれるんです。嘘報道を信じた人がどんどん離れていきます。辛くて辛くて口惜しくて、そのときは走りました。体を鍛えれば心を引っ張っていけるから、弱った心もやがて立ち直ってくれると思って。とにかく私は負けない、ここでへこたれない、つぶされないと思って、深夜に一人でジョギングしました。泣きながら走った夜もありました。そうすると体が疲れて眠れるんです。眠れると仕事もちゃんとできるし、心もだんだん癒やされていって、元気になっていくんですよね。何かあったときは、心と体が一緒につぶれないように、まずは鍛えやすい体のほうから鍛えるというやり方をお勧めします。

川口　体を鍛えれば、心が引っ張られていく。昼間、疲れるって大事なことですね。疲れへんから寝られへん。睡眠の質がどんどん悪くなっていって、今度、抑うつ傾向になって、そうやって要介護リスクが高まっていくという、そういうサイクルは悪循環ですから、やっぱり昼間、なんとか疲れるような運動するというか。大事なことですよね。

家田　たくさん歩けない方は体を動かすだけでもいいんです。それをしている間は少し、悩んでることを考えにくいというか、忘れているわけではないと思いますが、悩みの量が少し少なくなると思うんですね。考えこんでしまう時間が減ります。それが、頭や心を休ませることになると思うんです。

◎―不安を外に出す

川口　次も、同じような内容の質問かもしれませんが、こんな質問です。「どうしてもしんどいときは、何を考えるべきでしょうか」と。

家田　先ほども話したようなバッシングを受けて、私は精神的な病にかかりました。それ以来、考えすぎてしまうと、「もう無理だよ」というサインを体がビビッと出してくれるようになりました。だから今は、それが出たら考えるのをやめて、意識を外に出すようにしています。不安でしょうがないという意識を外に出す大変な作業ではあるんですが、すごく楽になります。これは広島の弥山《みせん》に登っている最中に、弥山の神様から教えられたやり方なんです。

川口　やっぱり「分離」ってテーマですよね。肉体と気持ち、肉体と脳の分離というんですかね。そして、脳の中の不安な気持ちも外に出して分離するっていう。いろんなことを分けるっていうのが、家田さんから教えられることですよね。全部が一体となってしまってるから、ちょっと何かあったら、全部が落ち込んでしまうという気がします。

家田　夜眠れなくなっちゃうこともあるでしょうけど、そんなときは自分がまず大切って考えてほしいです。自分の体も大切、自分が大切って思ったら、その自分を大切にするために、どうしたらいいかっていうことを考えて、その悩まされてることをちょっと外してしまうとか、外す努力をするとか、あるいは考えない時間を持てるように、たとえば走るとか、歩くとか、行動するとか、自分のためにできることは何かって考えてあげると、その人その人、いろいろできることはあるんじゃないかと思います。ものすごく辛いと思いますよ。ものすごく辛いと思うけど、みんなそういう経験がある。私だけじゃない。みんな乗り越えてきてるんだと思うんです。だから自分も乗り越えられる。

お大師さまが、「この世は無常」って。無常っていうのは常ならずっていう意味ですね。建物も古くなるし、人の心も変わっていく、だから悪いことも一生続きませんよ、あなたの歩幅で頑張ってくださいって、お大師さまが言っておられます。

川口　あかんことがずっと続くわけではないと。

家田　はい。いいこともずっと続くわけではないけれど、悪いことも一生続くわけじゃないです。だからそれを受け止めて、頑張って乗り越えてほしいと思います。その先に光があります。

第5回

悩みは人生の彩り

2024年3月29日　中楽坊情報館にて

◎──断捨離®ができない

川口　仕事柄というか、高齢者とお話をする機会が多いんですが、よく出る話題の一つが、断捨離®なんですね。物が捨てられない。夫婦二人で大きな家に住んでいて、使っていないものや部屋が山のようにあって、片付けないといけないと思うけど想像するだけで、目がくらむって。家田さんは断捨離®について、どう思われます？

家田　私は、絵とか、仏画や浮世絵とかが大好きなんです。でも数年前くらいから、先の長さを考えると、物は増やさないほうがいいなと思うようになりました。バッグに新しい物を入れるんだったら、何か一つ抜いたり、5年使わなかったものは処分したり。服も、以前はまた絶対着ると思ってましたけど、この先も着ないかもと思える服は、やっぱり処分したほうがいいと思いながらも、洋服は好きだからなかなかサヨナラできないという……。

大丸と松坂屋が年2回くらい「エコフ」という活動で、洋服や靴を引き取ってくれるんです。9点までですが、1点につき500円の、大丸・松坂屋で使えるアプリクーポンをくれます。税込み5500円の買物につきクーポン1枚を使えるので、このエコフを利用して処分しています。

川口　欲しいものは買う、買ったら着るという思考から、これはもう着ない、物は増やさないという思考に変わってきた。

家田　この仏画いいなと憧れたりしても、今あるものも長年十分楽しませてもらっているので、これ以上は壁がないからと諦めています。

川口　家の問題もありますよね。家が広いと置く場所に困らんけど、狭いと置けないから買わないという思考になります。シニアマンションに住み替えた方にお話を聴いたりすると、荷物が減ったことによる心がスッキリした感じというのを、よくおっしゃいます。広い家にあった家財道具の処分ってスゴイ大変だったんだろうと思いますけど、それを乗り越えて、シンプルでストレスのない暮らしを実現しているように見えます。

家田　そう。家が広いと余計な物を買って、それを置くための部屋を作ったりして、どんどん物が増えていくんです。でも、もう置けないと思うとそれ以上は物を買わないので、食べることとか、見ることとか、移動することとか、物として残らないものにお金を使いたいと思うようになってきます。

川口 物欲が減ってきたと。

家田 前は、頑張んなきゃと思うときは派手なスーツを着てたんです。特にテレビ出演など、自分を奮い立たせるために。でも今は、黒やグレーの服でも頑張れるようになりました。

川口 自分を奮い立たせなくてもよくなったんですか?

家田 自分は自分でいいのよ、と思えるようになってきました。

川口 自然体でいられるようになった。派手なスーツを着て、自分を奮い立たせていた頃があったんですね。

家田 ありました。私は買いませんでしたけども、たとえばバブル期、若い子でもルイ・ヴィトンのバッグのような一点もののブランド品を持ってないと、認めてもらえないと勘違いするような時代もありました。クラブ「ジュリアナ」のお立ち台に上がるのも、そういった「認めてよ」のアピールの一つだったと思います。でもそんなことはしなくていいと時代が変わり、私自身も使い勝手重視で物を選ぶようになりました。私、お洋服なんかは本当に持ちがいいので、20年、30年と手入れして、時にはデザインを替えてまで持たせちゃえるんです。靴も好きで、いっぱいあって。飾っておくだけで満足しているうちに革が固くなって履けなくなってしまった靴もありました。

だから飾っておかないで、本来の目的、履く、着るをしています。あてはまらない物は自分で「いつか処分するもの」と書いた袋を作って、その中に入れていきます。考え直して、また衣装部屋に戻される子たちもいます。

川口　これを機会に、処分しようと。

家田　自分がこれから先、何年生きるかを考えると、今まで生きてきたよりは短いだろうと思うんです。だから、いい服でも10年着なかったら、やっぱり今年も着ないかなと、いきなり処分でなく、候補の服は、「いつか処分するもの」と書いた袋に第一段階として入れておくんです。また出してきたりとか、一枚一枚について考えることができます。それくらい洋服が好きなんです。だから大丸のエコフで誰かの役に立ってほしいと思い、重くても持っていきます。

ただ、ホテルのシャンプーとか歯ブラシとかボディタオルとか、アメニティを置いて帰れなくて。最近は、そういうものは必要な分だけ持っていってくださいってフロントに置いているホテルも増えましたけど、以前はどのホテルでも使わないものまで部屋にアメニティがすべて揃っていたので、それを持って帰っていると……、家にたまりすぎていま す。

川口　え、それはすごく意外です。（会場を見て）皆さんも、たぶん同じでしょ。「家田さんがホテルからシャンプーとか持って帰るんや」みたいな。

家田　持って帰っていいアメニティだけですよ。基礎化粧品セットとか、1回分のシャンプーとか。置いたままにして帰る勇気がない。もったいないとか思いませんか、そのまま残して帰るのは。

川口　いやーどうかな、もったいないんですかね。あの、さっきの物を処分する話なんですが、家田さんがおっしゃってた服とか靴なら分かるんですけど、うちの82歳のお義母《かあ》さんは、お菓子とかが入っていた紙の箱やスチール缶が捨てられへんのです。「捨てたら？」って言ったら、「何かに使うかもしれんから」って。「そんなん絶対使わへんやろ」

って思うんですけど。

家田　そう言えば、「探偵！ナイトスクープ」※で、関西の人は保冷剤をいっぱい冷凍庫に入れてるらしいということで、探偵さんが調査をしたら、本当に皆さん冷凍庫の中にけっこうな数の保冷剤を入れてたっていうのを見たことがあります。

川口　あー、うちも冷凍庫に保冷剤はいくつも入ってますけど、あれって、大阪だけなんですか。ほんとですか？　初耳ですが。

家田　私は、保冷剤は少ししかないです。

川口　え、ほんとに大阪だけ？　（会場を見て）皆さん、どうですか？

参加者　（手を挙げて）あります。冷凍庫にいっぱい入ってます。

川口　そうですか。改めて考えると、あれ何のために残してるのかな。（参加者に）あのー、保冷剤って何に使ってはりますか？

参加者　手作りしたジャムとかマーマレードとかケチャップなんかを人にあげるときに。

家田　ケチャップを手作り？　すごい。

参加者　たくさんあげるので、保冷剤もたくさんいるんです。

川口　なるほど。そういう使い方ね。

参加者　瓶を返してもらうときに、「保冷剤も返してね」って言います。

川口　え、なんで（笑）？　別に返してもらわんでもいいでしょ。保冷剤って、なんか買ったらまた付いていているわけですから。なくなるもんじゃないし。

家田　私は東京駅の売店でよく買いますが、1個10円します。そう言えば、スーパーやデパートで保冷剤がいっぱい入っているケースがありますでしょ。あそこから、ごそーっと持って帰っている人をよーく見かけます。

川口　え、そんな人います？　何するんやろ……。家田さん、話を戻して断捨離®です。困ってる人多いと思うんです。

家田　そうですね。だから、ご自分で「何年使わなかったら、もうさようならする」っていう基準を決められるのもいいかなと思います。

川口　僕のうちはピアノがあるんです。誰も弾きません。

家田　私は、電子ピアノをあげちゃいました。そのときはちょっと心が痛かったんですけど、「ピアノが欲しい」って言ったお子さんが使ってくれるなら、ピアノは幸せだろうなと思ってあげました。

川口　僕は普通のマンション暮らしですけど、でかい家に住んではる人いるじゃないですか。ほんまに大変やろうなと思うんです。何かのイベントで、高橋英樹さんが断捨離®したら3トントラックが3台って言うてましたよ。

家田　何年か前に東京で、50メートル先に引っ越したんです。前のときは余分な部屋が一部屋あって、使ってなかったんです。引っ越したいけどめんどくさいと思ってたら、ご近所さんがお店をやめて、新築のワンルームマンションを建てたので、真っ先に引っ越しました。でもせまくて荷物が入らなくて、2トントラック2台分、処分しました。このときしかないと決心して。

川口　だから、このトークショーの企画をしていただいた、シニア向け分譲マンションの「中楽坊」に越してくる人たちって、何が偉いって、全員がそれをやってきているってことですよ。すごいなと思って。

家田　捨て始めると、調子に乗って捨てられますよ、勢いで。思い出があるんですが、だんだん入る場所がなくなっていくので。ホテルのグッズも。

川口　ホテルのグッズは、早《は》よ捨てたほうがええと思いますよ（笑）。

家田　何回か大処分してるんですよ。でも旅が多いから、すぐたまっちゃうんです。歯ブラシは、ホテルによってブラシが軟らかすぎたりとか、硬すぎたりとか、粗悪とかいろいろあって、付いてる歯磨き粉も気に入ったり気に入らなかったりするから、気に入ってる歯ブラシセットを一応、旅先に持っていくんです。シャンプーやリンスも、質の悪いのがセットされてることもあるので、ほかのホテルで持ってきたロクシタンとか良質のものを一応用意しておきます。

川口　はー、使ってるんですね。

家田　はい。歯ブラシで洗濯機のほこりを取ったりもします。細かいお掃除できれいにすることが大好きなので。

◎──離婚したほうがいい？

川口　ちょっとですね。真面目な人生相談が来てるんです。家田さん、人生相談の達人ですもんね。

家田　いえ、そんなことないですけど。人生相談は全部真面目でしょう（笑）。

川口　いきますね。「主人は定職もなく派遣として17年間。現在58歳ですが、去年3月末で切られて、今もまだ休職中。情けなくて。一方、私は去年9月から正社員です。仕事から帰ってごはんを作ることも多く、疲れています。離婚したほうがいいでしょうか」。これ、ちょっと深刻でしょ。どうしましょ。

家田　ここには、重要なことが書いてないんですよね。それは、ご主人のことが好きなのかどうか。それが分からない。これだけだとまるで、ご主人が働いてなくて私が正社員になったから離婚したほうがいいんでしょうかってことですよね。一番大切なことは、これから先の人生、ご主人と一緒に歩んでいきたいのか、ご主人のことが今も好きなんですかということだと思うんですが。

川口　……。なんか今ドキドキしてます。ですよね。そうか。それ一番大事だと思います。でも結婚生活が長いと、好きとか嫌いとかっていうのを、普段考えないですよね。

家田　でも、情とかあるでしょう。

川口　ああ。そういうのが一番大事なことなんじゃないかと。でもその一方で、好きとか情があるとか、現実の生活ではそんなこと言ってられないという面もあると思いますが。

家田　とりあえずご夫婦でやっていくのならば、女性が正社員になれて安定した収入が得られるようになって、まずは良かったですねと思うんです。でも、ご主人の定職がない。じゃあそれを自分がフォローして頑張っていこうという気持ちがあるのか、それとも、このままゴミのように捨てるのか。あなたは一番どうしたいですかということ。離婚という形式のことよりも、ご自分が何を一番望んでるかっていうことが書かれてないので、何とも言えないですよね。

　まずは、自分が何を求めていくのか、何をしたいのかを選ばないといけません。ご自分の心によく訊いていただいて、整理していただいた上で、離婚したほうがいいのか、しないほうがいいのか、二人で頑張ってみるのか。ご主人ともしっかり話をしてみないと。これ以上、働かなかったら私、離婚するわよとか言ってもいいと思います。

川口　でもこれ、男性のほうは多分、心の中では申し訳ないなって気持ちがありますよね。

家田　かもしれませんね。でも今は人手不足で働き口はいっぱいあると思うんです。このご主人も、プライドというか、俺はそんなことできないよという気持ちが減れば、今の時代、働いてもらいたい会社やお店とかいっぱいあるはずですよ。

川口　人と比べるところが、ちょっとあったりするんですかね。僕の先輩に、追手門《おうてもん》学院大手前高校の副校長をやってた人がいるんですけど、定年して、今、倉庫で働いてます。あのなんて言うんでしたっけ、あのフォークリフト。1日、黙々と運転してて、めちゃくちゃ楽しいって言ってました。真っ黒に日焼けして。そう言えば、中楽坊の入居者さんに元大学教授の方がおられて、介護施設で働いてらっしゃいますね。その方も、大学で教鞭《きょうべん》をとっていたときより楽しいって。

家田　思い出したんですけど、私、ハワイに住んでたときがありまして、元夫がアメリカ軍人で救急隊員でしたので、ハワイの軍の病院で働いていたんですね。で、私も一緒に基地内の住宅に住んでました。ハワイに転勤になる前はアメリカ本土が勤務地で、その頃からずっとエイズの取材とボランティアをしていたんですね。アメリカ本土にその患者さんがいるので、何回か行かなくちゃいけないんですが、取材費は自分持ちなのでお金がないわけです。夫は普通の収入だし、私は取材費にみんな使っちゃってるので生活費がないんです。それで、ハワイで日本人旅行者さん向けのバスガイドをやろうと思ったんです。

ハワイに行ったことがある方はご存じだと思いますけど、空港に着くとそこからバスに乗せられて、グルグルいろんなところに案内されて時間をつぶしてから、午後、ホテルに連れていかれるという。その間に日本語がしゃべれるバスガイドさんがつくんです。当時、3時間のツアーで30ドルぐらいもらえて、決まっているお店にショッピングに連れていくと10ドルくらいもらえて、控え室には1個3ドル近くする日本のおにぎりがあって食べ放題で、昼食も助かるんです。1日ツアーだと100ドルで、ショッピングに連れていくとプラス30ドルもらえるので、お金がない私にとっては非常に魅力的でした。でも『極道の妻たち®』のキャンペーンでいっぱいテレビに出た後だったので、顔バレしてるんですよね。

川口　そりゃそうでしょ。

家田　それでどうしようか、すごく考えちゃいました。でもおいしい話なので、結局やることにしたんです。最初は顔バレに抵抗があったので、麦わら帽子を深くかぶったりしてたんですけど、あるときツアー会社の女性から「家田さん、バレバレだよ」と言われまして。

そのときは「家田」というプライドが邪魔してたんですね。でも「バレバレだよ」って笑われました。「なんで働いてんの?」って訊かれたので、「お金がなくて取材費を作らなきゃいけない」と素直に答えたら、「そうか大変なんだね。頑張ろうね」って言われて、スッと何かが落ちました。その女性は今もハワイにいますが、私にとって大切な人になりました。

みんなから、お金ないんだねとか言われるのが嫌だなとか、何かネタを探るためにガイドやってんじゃないのとか言われたりもしたんですけど、そういう人の声を気にしなきゃいいんだと。「私は働きたいからやるんだ、ハワイで高いおにぎり食べられて得じゃん」と思うようになったら、楽しく働けるようになりました。

川口　意外な話ですね。「極妻」が大ヒットした後にバスガイド……。

家田　でも日本から来た人に「私ここに住んでるんですよ」って笑って言えるようになりました。このご主人も、プライドが邪魔して働けないのかもしれないけど、奥さんに離婚されたら困ると思えば、一生懸命、好き嫌い言わずに働くようになると思います。プライドは生活費を持ってきてくれません。

川口　でも何よりも、好きなのか、一緒にいたいのかをきちっと考えなさいと。

家田　はい。その人を看取ることができるかどうかですね。それができないのなら時間の無駄なので別の道を考えてもいいでしょう。でも正社員に就いて働いていて、生活力があるのなら支えられるでしょうから、自分が良くなったから夫は「用なし」と捨てちゃうのもかわいそうな気もします。

◎まずは一歩を踏み出すことから

川口　次も人生相談です。僕もこれ興味あります。「10年近く前から、小さなカフェを経営したいと思っております。でも、やりたいなあと言っているうちに、60代半ばになってしまいました。最近では、役所の創業支援係にも、口だけのように思われているようです。私は本当にやりたいと思っているのですが、一歩が踏み出せません。一歩踏み出す力はどうすれば持てるのでしょうか」。

家田　なんで踏み出せないんでしょうね。私も紅茶専門カフェやりたい！

川口　家田さんは踏み出しまくりだから、分かんないんじゃないですか。

家田　まずは通信教育でもいいから、紅茶とかコーヒーの作り手の資格とか、そういう基本のちっちゃいこと、できることから始めていきましょう。紅茶ソムリエとか、一歩前に出なくても、これは今始められます。どんなお店を開きたいかにもよると思うんですけど。オープンするのにどれだけの資金がかかるのかを考えて、懐《ふところ》を計算する。そういうことは準備期間の今、やれることですし、どの辺にお店を開くのかの調査もできるし、楽しいことばかり。目標を持つことはすごく素晴らしいことだと思います。一つひとつできるところから準備をしていって、それが積み重なっていって、いよいよオープンってことになるんじゃないかなと思います。人にどう言われようと気にしちゃダメです。マイペースで。

川口　僕はこの質問の人の気持ちは、何となく分かるんです。たぶん、同じタイプだから。たとえば、失敗したらどうしようとか考えますよね。

家田　失敗する確率のほうが高いんじゃないですか。それ覚悟でやったらいいんです。でも、やりたいことのためにお金や労力を使ったら悔いはないですよね。

川口　覚悟がないんなら、結局、言うてるだけってのが当たってるという。

家田　準備をして積み重ねていっても、失敗するかもしれない。でも2回目は成功するかもしれない。初回は失敗するかもしれないってことを覚悟の上で、それも勉強だと思って。最初から成功するとは限りませんが、それに向かってやること自体が、とっても素敵なことなんです。

川口　失敗したくないと思ったら、絶対、踏み出せませんね。

家田　そうですね。それが嫌なら、やらないほうがいいです。

川口　家田さんは、踏み出して失敗したことあるんですか。

家田　私は、いろんなことをやってるんですよ。大学時代にエステティシャンの資格も取ってます。昔、仲宗根美樹《なかそねみき》さんという有名歌手さんがいて、その方が引退後、エステの会社を始められたんです。大学時代に、トレーニングで資格を取れますっていう広告を見て、それを受けました。大学とバイトとエステ学校と大変でしたが。卒業後、何年かしてその会社がなくなったので、私はエステティシャンの仕事をしないままで。でも今もほかのお店のエステには通っています。あと、失敗っていったら、私、女優さんになりたかったのに。

川口　そうでした。

家田　女優さんになりたくて。名古屋では高校1年生のときからずっとレギュラーで、桂《かつら》文珍《ぶんちん》さん、桂きん枝《し》（四代目桂小文枝《こぶんし》）さんと一緒にバラエティ番組をやってたんですよ。またＴＢＳで日曜21時から「東芝日曜劇場」という1回ごとのドラマがありまして。キミちゃんという役でドラマにも出てました。北大路欣也《きたおおじきんや》さんがおすし屋さんの板前で、私がキミちゃん。でもその後は、君は色気と身長が足りないって言われて。

川口　（笑）。私、笑ってませんよ。

家田　笑っても構いませんよ（笑）。ＮＨＫの朝ドラのオーディションを受けたこともあるんです。落ちてるんですけど。だから、やってみないと失敗することも分からないし、成功するかもしれない。動かなかったら何にもできないわけです。宝くじだって買わなきゃ当たりません。

カフェ、素敵だと思うんです。私も「極妻カフェ」なんかできないかなとずっと思ってました。〝若い衆〟みたいな芝居をするアルバイトを雇って、コーヒーを頼まれたら姐さんが「あいよ」とか言って出したりとか。今は時代が裏社会に対して冷たくなったので、こういう遊びカフェはできないでしょうけど。紅茶と日本茶がものすごい好きなので、紅茶ソムリエの資格もよく調べました。コロナ禍で実践ができなくなって、それで遠のきましたけど。

川口　「極妻カフェ」って、いいですねー。本物は怖いけど、芝居ならちょっとそういうのも味わってみたい気が。内装とかもその筋の事務所みたいな感じにして、やばそうなものが置いてあったりして、従業員はめちゃめちゃ怖そうという。オーダーするときは、震えて、目も合わせられないみたいな。まあ、今のような時代はムリですかね。何はともあれ、ちっちゃく踏み出すっていうのは大事ですね。やってみないと分かんない。

家田　とりあえず通信教育で、専門的な資格を取るとか。器を見にあちこち行くとか。カップは大事です。ただ美味《おい》しいものを出せばいいというわけではないから、経営の勉強もいる。

川口　会計とか、衛生管理者みたいなやつとかですね。

家田　それももらわないと店は開けないし。あとは、どこのお茶が美味しいかとか、どういう店にしたいかっていうのは、まずは見学から。楽しいですよ。あちこちのお店に行きながら自分だったらとイメージしたり……。

小さなことからでいいので一歩、踏み出すことを始めたらどうでしょうか。ここで考えてても始まりません。だから行動に移さないといけないと思います。

一人の時間

川口　カフェつながりで、ちょっと軽い質問です。「一人カフェでの過ごし方、一人ごはん屋さんでの楽しみ方を教えてください」。

家田　私はいつも一人です。友達はいないし、夫は仕事で別の町にいて、お互いとてもやることがあるので、1週間に1回、お昼ごはんを一緒に食べられたらいいぐらいの時間しか会えないんです。だから普段は一人です。お茶も食事も、一人でどんどんお店も開拓しますし、好きなお店には繰り返し行きます。サブスク※をやってる紅茶店もあります。

川口　たぶんこの質問をした人は、一人でお店に入ったり一人で何かをすることがおもしろくないとか、淋しいとか、そういうことだと思います。

家田　人からどう見られているかを意識しすぎなんじゃないですか。意識するほど人には見られてませんよ。私、26年前からお肉をいただいてませんけども、20代の頃に一人で焼肉屋さんに入ったら、「焼肉を一人で食べるなんてね」って隣の若い子たちが言ってたことがあります。私に聞こえるようにね。その彼女は若い男の子と一緒に食べてましたけど、（別にいいじゃん）って思いました。

川口　僕はカフェとか定食屋さんとかだったら、一人で平気で入れるんですけど、焼肉はちょっと無理かな。

家田　そのときは、夜遅くて、広尾の町ではそこしか開いてなかったんです。ほかにもありましたね。大阪でロケが終わったあとに一人で有名なお好み焼き屋さんに食べに行ったら、隣の女の子たちが「お好み焼きを一人で食べるなんて」って。でも食べたいんだもん。すっごく美味しい店なんだもん。いいじゃないですか。でも質問された方は、そう思われるのが嫌なんでしょうね。

川口　人から見られるのが嫌っていうのはあるのかもしれませんね。でも、一人で店に入れない人って結構いますよ。今日のお昼ごはん、誰を誘おうかって朝から考えてる人とか。それくらい一人で行きたくない。

家田　私はそんなにしゃべるほうじゃないので、人とお食事したら、何をしゃべったらいいのかなというほうを、むしろ考えちゃいます。

川口　僕もです。お昼ごはんを人と一緒に行くのが嫌なんですよね。お昼くらい一人の時間が欲しい。だから昼前になると、俺を誘うなよって祈ってるくらいです。

家田　そうなんです。何をしゃべったらいいのかなとか、支払いどっちがするのかな、やっぱり私かなとか、とにかく気を遣うのが嫌ですね。すごく食べたいものがあるけどけっこう高めで、相手の人は安いのを頼んだら、値段が違いすぎるから頼めないなとか、シェアして食べていると最後の1個が30分くらいずっと残ってたりとか、もったいないからと思ってそれを食べると「やっぱり一人っ子やからな」とか言われたりして、面倒くさいんです。

川口　やっぱり一人っ子って（笑）。

家田　一人っ子だから譲らないって。でも30分も残ってたら、お店の人が片付けられないじゃないですか。一応断ってからいただきますけど。

一人で入るときは、私はいつも何か読むものを持っていきます。ながら族で一つのことだけをできないので、本を読みます。大きい本だと邪魔になるから文庫本や資料ですね。Xのお返事をすることもあります。あとは、人目があると眠くても寝ないですよね。だから資料として軽く読んでおいたほうがいいという本や、これを仕事場で読んだら眠っちゃうと思うような本を読みます。

川口　上手に人目を利用するわけですね。

家田　そうやって楽しんでいます。本がないときは食事前に本を買いに行くことから始めます。

◎──病気にあぐらをかいてはいけない

川口　次の質問です。「悩みを抱え続けたままの人と、そこから上手に精神的にも解決されていく人の違い、分かれ目みたいなのはありますか？」。

家田　自分を「精神的な病人」にしてしまうと、なかなか前に進めないと思うんです。苦しみがあってクリニックに行くのはいいんですけど、そこで病名を告げられると安心してしまって、その病気にあぐらをかいてしまうと言いますか、「ああ、私はその病気なんだ」っていうことで満足して、もらった薬を飲み続けて、前に進もうとしなくなってしまう人が中にはいます。

でも人というのは、苦しいけれども、もがきながらも、やっぱり前を向いて進むようにできております。後退《あとずさ》りしていくことはできないというか、前を向くよりもっと難しいんです。光を見つけて、何とかここから抜け出したいという気持ちが少しでもあれば、時間はかかるけれども抜け出していけると思います。

ただ、時間が解決してくれないような苦しみもあります。受け入れるしかない、上手に付き合うしかないような苦しみ。それは、残酷な言い方になるかもしれませんが、自分の考え方というか心の持ちよう次第なんです。代わってあげられない苦しみってありますよね。

川口　なるほど。「病気にあぐらをかく」っていうのは、初めて聞く表現ですけど、あるやろなあと思います。僕、3年前に憩室炎《けいしつえん》で1週間ほど入院したんです。そしたら6人部屋やったんですけど、3人ぐらいが糖尿病の、結構な年齢の人やったんです。それはまさに病気にあぐらかいてる感じです。「俺、もう糖尿やしな」みたいな。何が偉いんかな……ぐらいに開き直ってるんです。「糖尿やし、もうしゃあないわな」って言って、まさにあぐらをかいてる。病気だという危機感や不安なんか、ほとんど感じられませんでしたね。

家田　私たちは、生まれるときに体という器を借りて、この世に出てくるわけです。だから体に思いやりをかけてあげないと、体があって当たり前とか、「糖尿やから」って言ってたらダメです。それは体に対してとても失礼なことをしてる、体を見捨ててると思います。

川口　はい、僕も普段の生活を反省します。

お寺が欲しい

川口　家田さんはこれからの「居場所」をどう考えてますか。以前におうかがいしたら、「お寺が欲しい」って言ってはりましたが。

家田　そうなんです。私は居場所が欲しいとお大師さまにお願いしてるんですけども……。居場所っていうのはお役目であったり、お仕事であったり、また住む場所、落ち着ける場所であったりと、いろんな意味があると思うんです。家庭の中でも自分の部屋という意味だけじゃなくて、そこで暮らす人間の中のポジションのようなものも居場所の一つですね。

川口　僕が「買ったらどうですか？　売りに出ているお寺もいっぱいあるんじゃないですか？」って訊いたら、「檀家さんがいないところがいい」と言われました。

家田　本山からも言われたことがあります。その地域のお寺さんと、その檀家さんを尊重するためには、檀家さんのいないお寺をやることが向いていると。興味本位で、私に「葬式やって」って言う人も出てくるかもしれないし、現に言われたこともありました。でも、僧侶も人によっていろいろなお役目があるんです。

川口　そういうことですか。家田さんがやりたいのは、お葬式ではなくて布教ですもんね。

家田　そうなんです。檀家さんのいるお寺ってとても大変なんですよ。お葬式をやらないお寺が、私にとっては実は都合がいいんです。

全国で布教活動がしやすいし、行にも行けます。お葬式をなさるお坊さんは、家を空けられないんですよ。檀家さんにいつ何があるか分かりませんから。家族の誰かが常にお寺にいないといけないし、大変なんです。息子さんがあとを継いでくれたから「やっといろいろな活動ができる」って、おっしゃる僧侶もいます。

川口　僕の親父の墓があるお寺は、ご住職が亡くなって息子さんが継いでるんですけど、お母さんと二人暮らしなんです。鳥取の山奥にあって、めっちゃでかい寺なんですけど、いつ行ってもきれいに草花が活けてあって、仕事とはいえ、いつもきれいに手入れしておくのは大変やろなと思います。

家田　四国八十八箇所のお寺でも、きれいなお寺とそうでないお寺があります。きれいなお寺はだいたい、境内《けいだい》で奥様がいつも何かやっておられますね。

川口　奥様次第か。で、家田さんはいつかお寺を手に入れたいということですが、ちなみにお寺の値段って何に関係するんです？　立地とかもあるんでしょうね。

家田　立地もですが、大体空いているお寺は建物を直さなきゃいけないんです。宮大工さんに修理してもらわないといけなくて、それが高いんです。親が私のお金を2回も使っちゃった上に、コロナ禍で仕事ができず完全になくなっちゃったので、またまたこれからです（笑）。

◎――背暗向明

川口　次の質問。「座右の銘がございましたら、教えていただきたいです」。

家田　あんまりないんですよ。サインに何か座右の銘を書いてくださいって言われると、本当に困っちゃいます。

川口　座右の銘みたいなのは、持たない主義でしょうか。
家田　あんまり、そういうものを決めたり目標にしたりはしてないんです。
川口　弘法大師空海の教え全体が座右の銘である、という感じでしょうか？
家田　それをお伝えするのは、私のお役目ですね。座右の銘ではありませんが、法話でよく皆さんにお土産に持って帰ってもらう言葉は数々あります。たとえば「背暗向明《はいあんこうみょう》」も、弘法大師空海の言葉です。
川口　どんな字ですか？　あーなるほど。暗いほうを背にして、明るいほうを向く。
家田　はい。とても辛いことがあると家の中にこもったり、人とコミュニケーションをとらなくなったり、一人で泣いたりしますけど、勇気を持って明るいほうを向いて、家の外に出ましょうということです。「家の外に出ることができたらもう大丈夫だから、その足で高野山に来てください。高野山には皆さんが生まれる前から、逞《たくま》しく根を張って頑張って生きている木がいっぱいありますから、そこの下を通ってください。木のエネルギーを浴びてください」といった法話をさせてもらうときもあります。
辛いときって、それどころじゃないです。苦しいときは自分だけが取り残されたような気持ちになっちゃいますしね。でも世の中は明るいほうを向いて動いているので、何とか明るいほうを向こうとする努力や気持ちが大切なんです。前を向けば、向こうとすれば、きっと応援したり助けてくださる人も現れます。

川口 いい言葉ですねー。僕の座右の銘が決まりました。

家田 辛そうに見えませんけど（笑）。

◎──不幸せ慣れ

川口 では、続けていきます。「今まで生きてきた中で一番幸せだなって思ったときと、なぜそう思ったのかを教えてください」という質問。

家田 あんまり幸せがないんです。不幸せなことが多くて、不幸せに慣れちゃっているので、本当に幸せというか、順調になったときに、こんなんで大丈夫かな、今にドーンってどんでん返しが来るんじゃないか、という怖さがあります。

川口 不幸せ慣れ。

家田　はい（笑）。久々に私にかかってくる電話は、その人が不幸せになったときなんです。不幸せな方が集まってこられるので、私はマイナスのオーラが出てるのかもしれませんね。

川口　普段会うのが、大体不幸せな状況にある方々なので、家田さんはマイナスのオーラを浴び続けている。

家田　はい、浴びています。ついこの間、「幸せだわ」ってうちでひとり言を言いましたが、それはうちの猫に対してです。うちの猫は兄弟じゃなくて他人同士の猫なんですよ。猫は他人だとあんまりくっつかないんですけど、その二猫がくっついて寝てるところを見て、「わー幸せだわ。仲良くって」とひとりごちてしまいました（笑）。

川口　猫か。その話は広げにくいな（笑）。

家田　（爆笑）。幸せっていうのがなかなか。マスコミからバッシング受けることが本当に多かったので、私には不幸癖がついているんです。

川口　そんなネガティブなことばっかり……。

家田　でもお遍路で歩いていると自信がつきます。自信もって「私は歩けるぞ」って。

川口　歩ける自信ですか。

家田　私は災害が来ても、たとえば東京で災害があっても、夫のいる大阪まで歩いて行ける自信があります。パンプスでなければ。

川口　それは無理ですよ。いくらなんでも。

家田　いえいえ、お遍路で四国を1周すると約1400キロなんです。東京・大阪間は500キロぐらいですからね。1400キロっていうと東京駅から鹿児島中央駅まで行けます。

川口　そうか、歩けるのか。そしたらマラソンの42・195キロを歩くとか、別に何とも思わないんですね。

家田　最高は、重たいリュックを背負って1日55キロを2日間、計110キロを歩きました。途中にいい宿がないところがありまして、愛媛県なんですけど。もう歩くしかないって歩きました。私が「つなぎ歩き遍路」を始めた18年前頃は、きれいじゃない宿や、部屋に鍵がついていない民宿も少なくなかったんです。今は、歩き終えたところからタクシーとか電車に乗って都会に戻って、ホテルに泊まるようにしています。特にコロナが起こってからはそうですね。
　今は私が民宿で泊まるのは1軒だけです。室戸の「うまめの木」っていう名前のところ。そこはとても清潔で料理は美味しいし、一人ずつお風呂のお湯を替えてくれるんですよ。「お湯替えるの、当然でしょ」って言って替えてくれるんですけど、実は替えてくれないところがほとんどでした。
川口　大浴場の？
家田　いえいえ、民宿みたいなところだから、小さいお風呂です。そこに歩き遍路で汗だくの人たちが入るわけですから、風呂の湯がすごく汚れているんです。毛もいっぱい浮いていて……。
川口　そういうことか。女性は入れないかも。私はいけそうですけど。
　話を戻しますが、宗教家っていうのは、日頃から割と不幸のオーラを浴び続ける職業なんですね。
家田　そうかもしれません。ただし、どの世界でもお金がとっても好きな人たちがいて、その人たちはきっと、セレブな人たちに引き寄せられるから違うでしょうね。でもそうじゃない人たちは、相談を受けたり、手を貸したりで、マイナスのオーラを浴びることも多いと思います。

川口　不幸のオーラを発している人に、一つひとつ共感というか、感情移入し続けるのはちょっとときついですね。

家田　あ、ありました、「幸せ」が。高野山にいっぱい皆さんが相談に来られます。大体ゴールデンウィークかお盆週間に私は駐在してますが、そこに、以前相談に来られた人が、結果報告に来てくれるんです。わざわざ来てくださって、その人がすごく良くなったときに本当に嬉しいと思います。

川口　冥利に尽きるっていうやつですね。

家田　それは嬉しいですよ。不良やってた子、薬物とかやってた子が講演先に来てくれたこともあります。「結婚しました」とか、「ちゃんと仕事もしてます」って、彼女や奥さんと来て報告してくれた。そういうときは、本当に嬉しいです。

川口　それは行くほうも偉いな。だいたい、不幸なときに相談に乗ってもらっても、状況が良くなったら相談したことさえ忘れてしまうっていうのが、多いパターンだと思うんですよ。相談したことをちゃんと覚えていて、わざわざ報告しに行くというのは、とても立派な行動ですね。
家田　嬉しくて、そのときはもうお互いに涙で。
川口　なんか、学園ドラマ見ているみたいな感じです。ということは、家田さんは猫とそれが幸せ。
家田　はい。なんかご不満のようですけど……。

◎——運の正体

川口　会場の方から質問ございますか？　はい、そちらの方どうぞ。
参加者　一般に「運」というものがあります。運についての考え方、それと運というものの正体を、家田さんはどのように解釈されていますか？
家田　運の正体ですか。すごく難しいですね。タイミングというものがありますね。運というのは、タイミングのことかなとも思うんです。

私がアメリカでエイズの取材をして、雑誌に載せてもらいたいと思ったときも、時代が求めたときよりも半年早かったんです。だから、なかなか載せてくれる会社がなかった。榛名《はるな》女子学園という少年院に、法務相の許可を得て1年間通って取材して、『少女犯罪』（ポプラ新書）という本を出したときは、これは遅かったんです。時間がかかっちゃって、まさに原稿を書き終わったというときに東日本大震災が起こって、紙工場が流れてしまって印刷できなかった。それとテレビのコマーシャルが全部ACジャパンのコマーシャルになって、情報番組などに出させてもらって宣伝することもできなかった。こういうタイミングというのが、運かなと思っているんです。たまたま『極道の妻たち®』のときは、時代と原稿の内容とが合ったので、皆さんに読んでもらえたと思うんですね。そういうのがタイムリーかなと思うんです。

弘法大師空海が、タイミングについてこんなことをおっしゃっています。タイミングが悪い人は、ずっと悪いタイミングの回路の中にいて、その上に乗っかってるから何をやってもいつもタイミングが悪いことになってしまう。だったら、自分が考えるその時間よりも、ちょっと早くしたらいいじゃないか。何かやろうと思ったら、自分のイメージする時間より、もっと早く、たとえば1カ月とか2カ月とか早くすれば、そこのネガティブな輪の上に乗っからないので、違うルートに乗っかれるから人生を変えられるとおっしゃってます。

川口　遅いのはダメなんですか。

家田　遅くてもいいと思います。自分がもともとやろうと思ったタイミングからずらせば、うまく、いい輪に乗れるんじゃないかと、弘法大師空海はおっしゃっています。

川口　（参加者に）どうでしょうか。あ、深くうなずいてらっしゃいます、よかったです。ありがとうございました。

では、ちょうど時間になりました。これで終わらせていただきたいと思います。どうもありがとうございました。

家田　寒い中、皆さん、くれぐれもお気を付けてお帰りください。

参加者　今日はすごく良かったです、先生にお会いできて。

家田　ありがとうございます。これで皆さん、運を使い果たさなきゃいいんですけど（笑）。

※「探偵！ナイトスクープ」：朝日放送テレビ。関西地区では毎週金曜、「報道ステーション」のあとに放送される人気番組。
サブスク：サブスクリプションの略。定期的に料金を支払うことで、一定期間、商品やサービスを利用することができる仕組み。

第6回

その日を笑顔で迎えるために

2024年4月3日　中楽坊情報館にて

◎――愛する人の供養

川口　いよいよ最終回になりました。今日は、私たちが避けては通れない「死」についていろいろ考えてみたいと思います。家田さんは作家としても仏教家としても、死にまつわる相談や出来事に向き合ってきておられますね。

家田　私は、高野山でお盆の1週間、出仕して法話させていただいていることが多いんですが、そこでよく受けるのが、大切な人を亡くしましたとか、自分の愛するご主人や妻を亡くしたという相談です。お子さんを亡くした、先にお子さんが逝ってしまった、それが自殺だったという壮絶なお話もあります。それで、「自分は生きていたくない」とおっしゃるので、時間をかけて辛い思いを私に吐き出していただいた後に、「あなたが供養をしなかったら、誰がやるんですか」「一生懸命に供養しないと、その大切な方は亡くなったときのまま、苦しんだままになっちゃいますよ。大丈夫です。そばにいらっしゃいますから、声をかけて今までどおり過ごしてください」などと、一緒に涙しながら申し上げます。

自分で成仏できる方っていうのは、行者さんや宗教家のように生前ご自分の中にいっぱいお経や祝詞《のりと》などを入れていらっしゃいます。簡単に言いますと、生きているときから一生懸命お参りをされたりしています。一般的にはご自分の力だけでは成仏できないので、お坊さんや神職など、プロフェッショナルな方のお力と、ご家族が一生懸命お参りしたり、手を合わせたり、お世話をしてあげることによって徐々に楽になられて、やがて成仏されます。でも自殺された方や、突然の事故の方などは、まず自分が亡くなったことを意識してらっしゃらない場合が多いので、死を自覚してもらうことから始めないといけない場合も。だから生きてらっしゃる方の力が必要なんです。成仏されたら上に上がられて好きなところに一人で行けるようになります。誰それに会いに行きたいと思ったら行けますし、どこどこの景色が見たいなと思えば一瞬で移動できます。人にご迷惑をかけることも全くありません。

川口　じゃあ、成仏できない人はどうなるんですか？

家田　まだ成仏できていない方たちは、苦しいから「助けて」と、みんなに訴えていることもあります。幽霊と呼ばれる人たちは、成仏されていない方です。病気の方は死期が近づいてきて、いろんな人に看取られたり、残された時間を考えていわゆる終活などもできて、自分が死を自覚してから亡くなっていけますが、事故の場合は一瞬で死に追いやられて、いろんな悔いが残っていたり、やり残したことがあったりします。「あなたは亡くなったんです」って、私の場合、まずそこから、納得していただくことから始めて、その後、供養をしていきます。

◎死に慣れてはいけない

川口　「僧籍を取られてから、老いや死に対する気持ちや捉え方は変わりましたか」という質問が来ています。

家田　まず、僧籍をもらうというのは「得度する」という仏門の入り口に立った段階のことで、宗教や宗派により違いますが、真言宗の場合は、そこから修行を積み、受けるべき伝授をへて、最後に僧侶の資格をもらえる伝法灌頂《でんぽうかんじょう》という伝授式を受けることができます。よく「芸能人が得度した、在家出家した」というニュースがありますが、まだ僧侶ではないんです。得度して僧籍簿をもらいます。だから僧籍はあります。でも、その中の空白を、修行をして届け出をし、埋めていくんです。だから、僧侶になってからという意味としてお答えしますね。

実際にそんなに大きく変わったとは思いませんが、優しくなれたかも。まだ優しさは足りませんけども。遍路などに行き、人に優しくされて優しさを学ばせてもらうたび、「私はまだまだ優しくない」と思います。次に、死ということに対しては、高野山のお葬式の授業で先生が、「死に慣れてはいけない」っておっしゃいました。檀家さんのいる僧侶は、お葬式を次から次へやっていかないといけない。だから死というものに慣れてしまう可能性がある。しかしながら、大切な人を亡くした家族にとっては1回だけの大切な儀式だから、毎回毎回、精一杯誠意を尽くして葬儀をやらなくてはいけないということを、一番最初に言われました。

川口　今、思ったんですけど、家田さんはそもそも、エイズ患者さんとか、ヤクザ屋さんとか、そういう人たちを取材してよく分かってるわけじゃないですか。考えてみれば、その人たちって常に死に向き合ってるというか、死に向き合わざるを得ない状況で生きてますよね。

家田　アメリカでエイズ患者さんのボランティアをやっていたときは、200人ぐらい出会った人を亡くしておりますので、見送ることの辛さをすごく感じていました。仲良くなった人が次に会おうとすると、もういない。その頃はまだ僧侶ではないのですが、視えないものが視えていましたから、亡くなった人たちが私のところにやってきたんです。私は再会できたので喜んでいたのですが、実は私に助けを求めて来ていた。それに私が気付かないから、皆は苦しさを減らそうと私のエネルギーを持ち去っていった。

それで私は名前のない病気――今なら分かりますが、霊障に悩まされていたのです。どこのクリニックや病院へ行っても、病気に名がつけられない。そんなときに行者さん――修験道に会いました。そして行を始めたわけです。行を積み重ねていくうちにやっと、供養してその人たちを楽にしてあげることが大切なんだ、と気付くことができたわけです。

今は生きている方と亡くなった方をつなぐ、ネゴシエーターの役目をさせていただいていると解釈してます。事故や事件、災害で亡くなった方、あとは戦争で亡くなった方などは、思いを急に断ち切られてしまった状態で亡くなっているので、いろいろな思いを持っていらっしゃいます。生きているご家族が望めば、亡くなった方の言葉を伝えて差し上げています。

川口　祈るというのは、つなぐということでもあるんですね。

家田　亡くなった方の思いをお伝えすると、生きている方は皆さん、亡くなった方が望んでいることを喜んでやってくださるんですよ。お供えに熱いお茶が欲しいとか、お酒が欲しいとか、ちっちゃなこともありますけど。「自分が日本のために誇りを持って戦った」ことを伝えてほしい、と言った方もいらっしゃいました。

おもしろい話があるんです。戦没者供養を20年以上、愛知県のある場所で、ボランティアでやらせてもらってるんですね。そこには144名のお墓があるんです。今はまとまっているんですが、以前は一定間隔を空けてお墓があったので1基ずつ拝んでいました。ある場所にお墓が10基くらいあって、たとえば1番さん2番さん……って並んでいたんですね。そしたら2番さんが私に言うんです。「なんで皆、1番さんばっかり拝むんだ?」って。なので、ご家族に「2番さんがそう言ってますよ」と伝えたんです。そしたら、その方が笑いながら「ああ、あれは分家の墓なんですよ」って。

川口　おもしろいですけど、ちょっとかわいそうな。

家田　ご家族には、「ちゃんと一緒に拝んであげてください」って言いました。皆、笑ってました。翌年、「どうです？　分家は？」と訊かれたので視たら、1番さんと2番さんが一緒に仲良く酒盛りしてました。もちろんお酒が欲しいとおっしゃるのでお供えはしてるんですが。

川口　そんな話を聞きますと、家田さんみたいに視えないものが視える、聞こえない声が聞こえるという仏教者と、そうでない仏教者って、できることが全然違うっていうことになりますね。視えるから、いろんなことができる。

家田　視えないほうがいいんですよ、怖くないから。深夜の一人水行の最中、いきなり甲《かっ》冑《ちゅう》を着た人が現れたら怖いでしょう？

川口　海から現れる（笑）。そうか、都合のいいものだけ視えるわけじゃないですね。

ご真言を習慣にする

川口　次の質問ですが、「霊が視えるというお話が気になっております。交通事故で身内が亡くなりましたが、死んだことが分からずに浮遊しているのでしょうか？」。

家田　私は困っている方のことしか視ることができないと、神様仏様から言われておりますので、そうではないものを視ることはできません。今の私が言えるのは、その交通事故で亡くなった方に対して、お参りをしっかりしてあげてほしいということです。ご質問をされた方ご自身のお宅で結構ですので、「ただいまから誰それさんのために、お経をあげさせていただきます」と必ずお断りをして、般若心経をあげるとか、観音経をあげるとか、あるいはそこまであげられない人や、時間に追われていらっしゃる方は、ご自分が好きなご真言でいいのであげてほしいと思います。

たとえば不動明王様だったら「ノウマク　サマンダ　バザラダン　センダンマカロシャダ　ソハタヤウンタラタカンマン」。天台宗では少し発音や文字が真言宗と違うように、宗派や地方、都会によって、方言と同じように少々違いがあります。
正観音様《しょうかんのん》だったら「オンアロリキャソワカ※」という真言。この短いご真言を心をこめて唱えることで、お経を一巻唱えたことになるそうなんです。般若心経は262文字ありますが、「ギャテイ　ギャテイ　ハラギャテイ　ハラソウギャテイ　ボジソワカ　ハンニャシンギョウ※」、この般若心経のご真言を繰り返すだけでもいいんですよ。
上手いとか下手とか、回数やスピードとかで競うものではないので、不慣れでも大丈夫です。心を込めていただいたら、1回でもいいんです。お祈りしてくださったら、その方はとても嬉しいと思います。最初はまだ苦しいから、受け止めることさえできないかもしれません。でも続けていただくことによって、徐々にその人が、そのご真言なり、お経をあげる人の、そのお経を受け取ることができるようになってきます。

川口　お坊さんに読んでもらうのと、自分で勉強してやるのとでは意味や力が違ったりするんでしょうか？

家田　お坊さんに毎日やってもらうことはできませんよね。お坊さんのお経はたしかに綺麗で素晴らしく、亡くなった方に働きかけてくださいます。けれど日々の積み重ねも大切なので、ご真言なりお経を、ご自分のペースで心を込めて毎日続けてほしいんです。あんまり長いお経だと大変ですよね。だから長くて般若心経、観音経なら上下のうち、下のほうが短いので下だけを唱えていただく。それがダメなら合掌だけでも。続けることが大切だからです。ご真言をあげることが毎日の習慣になったら、亡くなった方は少しずつ楽になっていかれると思います。「誰それさんのために」と言うことを忘れずに。できれば「誰それさんと〇〇家と〇〇家先祖代々のために」と言ってあげてください。

川口　僕、お墓参りに年2回くらい行くんです。そこにおばあちゃんと親父と弟の三人おるんですよ。今の話を聴いて反省したんですけど、墓参りに行って、三人いっぺんにやってるんですよ。そうじゃなくて三人それぞれにちゃんとやらないといけない？

家田　理想はそうです。でも「何々家先祖、誰々様」と言ったら大丈夫ですよ。一人だけ拝んだら、ご先祖が嫉妬《しっと》なさるといけないので（笑）。戒名じゃなくてもいいです。俗名で結構です。「〇〇おばあちゃん」でも分かってもらえますよ、きっと。「〇〇おばあちゃん、久しぶりやね」なんて言ってあげてください。

川口　それも全然やってなかった。

家田　でも、お墓参りに行かれるだけで十分に価値があります。私も毎度おばあちゃんのお墓に行って、「不義理してすいません」と、正直にそう謝っています（笑）。

◎死とは生まれ変わること？

川口　次の質問です。ちょっと重い……のかな、「死とは、改めて生まれ変わることなのでしょうか」。

家田　そんなことを毎日考えてらっしゃるのかなと思うと、とっても難しいし、重いですね。大雑把な私は考えたことがなかったです。生まれ変わりは「輪廻転生《りんねてんしょう》」と言われますが、人間に生まれ変わるとは限りません。

川口　でも生き物に生まれ変わるんですよね。石とか鉛筆とかではなく。

家田　石ではないと思います。でも、犯罪を犯した人の取材をしたとき、その方の前世は魔物の爬虫類《はちゅうるい》だったということが視えまして、この人が公《おおやけ》にはなっていないけどまた悪いことを実はやってるって言ってたのは本当だったんだと思ったことがありました。

うちには「まおちゃん」という猫がいるんです。「まお」は弘法大師空海のご幼名で、「真」に「魚」って書きます。1200年前は大切なものを名前の中に入れたそうです。魚は大切な食物ですよね。お大師さまは鯖《さば》や柿がお好きなんですよ。

川口　お大師さまの好みを、なぜ知ってるんですか？

家田　「鯖大師※」がいらっしゃるんです、四国に（笑）。で、猫の話に戻りますが、真魚ちゃんが来る前、空《くう》ちゃん、海《かい》ちゃん、天《てん》ちゃんという三猫がいました。天ちゃんは一番若いのに一番早く病気で亡くなって、今は二代目天ちゃんがいますが、その海ちゃんのお話をしたいと思います。空ちゃんと海ちゃんは昨年、老衰で亡くなりました。今はうちに二代目天ちゃんと真魚ちゃんだけです。海ちゃんは、もともとは人間でした。でも猫としては、「お商売ブリーダー」でただ産ませて売るだけのところで生まれたと感じました。愛情を知らなかったので、海ちゃんには、愛情を教えることから始めました。海ちゃんは野生の猫ではなく、ちゃんと人に出会える猫に生まれ変わることができて、出会えて良かったと思いました。

川口　人間が猫に生まれ変わる理由は、何かあるんでしょうか？

家田　それは私には分かりません。ただ、悪い行いを積んでいれば、人から嫌がられるものに生まれ変わるのは普通の流れだと思います。でも生まれ変わったら、その前のことは忘れてしまうので心配はいりません。ただ、どういうふうに生まれ変わってもいいように、今からちゃんと信心深くお参りなどもしていただきたいし、悪いことではなく、良いことの積み重ねをこれからもしていただきたいと思います。

川口　そうすれば人間に生まれ変わるとか、自分が好きなものに生まれ変わることに近づけるという。

家田　選択権はないと思いますが、大体の人が人間に生まれ変わると思います。でもお金持ちの家に生まれ変わりたいと思っても、その保証はありませんよね。

川口　「親ガチャ※」っていう言葉も流行りましたけど。

家田　親も、生まれる日にちも、生まれる国も選べないので、それは平等だと思います。この質問をされた方は、生まれ変わっても人間になりたいんでしょうか。

川口　生まれ変われるのなら死ぬのも怖くない、ということかもしれません。

家田　自分の周りの人が亡くなっても、その辺にいてくれるから、それでいいと私は思うんです。でも肉体がありませんから、その人と手をつないでどこかに一緒に行くということはできないので、それは淋しいですね。空ちゃんは毎日、うちにご飯時に来ます。二代目天ちゃんのご飯を食べに来るんです。触るんですが、感触がなくて淋しいです。

◎――死は怖くない

川口　死ぬことがなぜ怖いのかというと、第一に自分の存在がこの世から消えてしまうという怖さ。今まで自分がずっといたのに、いなくなる。もう一つは、病気になって痛い思いをするのがイヤ、痛いのは怖い。

ただ、死に対する姿勢はかなり変わってきています。十数年前までは、死って忌《い》み嫌われるもので、あんまり口にできないような言葉でしたけど、最近は違います。私も最近、「何で（何が原因で）死にたいですか」って平気で訊けるようになってきました。相手も「がんに決まってるやん」とか普通に返してきはるんですね。そういう意味では、死ぬのが怖いとか、縁起でもないという時代から、怖いのは怖いんでしょうけど、「死」について口に出せる人が増えた印象があって、むやみやたらに恐れるという感じではなくなったように思います。

家田　がんは、昔はいろいろ考えたり、周りも気を遣ったりする病気でしたが、二人に一人ががんになり、三人に一人ががんで亡くなる時代です。体内の細胞の老化は仕方がないことです。でも、体が出すサインに早く気付いてあげて早くケアをすれば、病気と一緒に生きていけます。日頃から体に対して、ケアを怠らずにやってほしいと思います。いつも体が大丈夫なわけではありませんから。

川口　きちんとケアする以外にできることってないですもんね。

家田　病気に関しては、男の人は特に怖がりですから。ちょっとサインが出てても「大丈夫、大丈夫」って言いますよね。

川口　そう。本当は病気のほうが怖いんですけど、その前に、医者に怖いことを言われるのが怖いんです。

家田　怖いからといって放置しているうちに大変なことになって、「あのときにやっておけばよかったな」とか、後悔しても遅いんです。治療も大変になってしまうし。男の人たちは、もし症状があったら、大丈夫なことを証明してもらって安心するために、お医者さんのところに行ってもらいたいと思います。奥様方、「大丈夫」って言うご主人がいたら病院に連れてってあげてください。

川口　そもそも、家田さんはご自分の死をどのように捉えてるんですか？

家田　あるお坊さんが、「自分がどんなふうに死ぬのかが楽しみ」とおっしゃったのを聞いたとき、私も楽しみと思いました。どういう形で自分が幕を閉じるのか。

川口　怖くはない？

家田　怖くはないです。大病をしたことがありまして、そのときに自分の体の中のことを怖がるのはおかしい、生まれたときから同行二人だから、本当に大切な相棒なのだということを教えられました。ただ、闘病生活は心配だし面倒くさいなと思います。

川口　やっぱり宗教家というのは、「死」についてちゃんと考えなければならない仕事なんでしょうね。

家田　自分がいつ亡くなるかというのは、1回視せてもらっています。真冬の行の最中に亡くなるようです。行者が行の最中に死ぬということは行者にとって、そして私にとって嬉しいことなのです。行者さんなら、おそらくそう言われるでしょう。それ以前に事故などに遭わないでいたいと思っています。事故は避けられないので。耳の病気で飛行機には乗れませんが、思わぬ事故や災害もいろいろあるじゃないですか。

川口 飛行機には乗らないんですか。

家田 耳の病気で、1999年から飛行機に乗れていません。気圧調整ができなくなりました。異常に鼓膜も薄いんですって。飛行中に鼓膜が破れたら大変ですもの。だから北海道でも15時間かけて電車で行きます。JR大好きなので楽しいですよ。

川口 それ、ほとんど行みたいなことになってませんか？

家田 好きだから楽しいですよ。15時間あれば海外に行けちゃいますけどね。耳が健康だったら飛行機で行っちゃうんでしょうけど、青函《せいかん》トンネルを通る前に車内アナウンスもあるし、「うわー、入る、嬉しい！」って、車内テロップを撮ったり、一人ではしゃいでます。「今一番深い海底です」ってアナウンスが流れてきて。何回通っても楽しいです。トンネルを抜けたら車窓に雪景色が広がっていたのも感動です。そんな経験、耳が健康だったらできませんから。何ごともいいことを見つめ、いいことに捉えていくことが大事だと思うんですよ。心の持ち方次第なので。

◎——安心するための終活

川口　「終活」についてはどのようにお考えでしょうか？　2012年に「終活」が流行語になって、それまでは「死ぬ」って、口にするのがはばかられる雰囲気がありましたけど、今は終活フェアとかに行くと、「遺影を撮ろう」とか「棺桶《かんおけ》に入ってみよう」みたいなコーナーがあったりして。棺桶に入って喜んではる人もいます。

家田　私は、ある新聞社の終活フェアで何度か法話をさせていただいたことがあります。やっぱり棺桶や骨壺も展示されていて、「この骨壺いいですよ」って、きれいなちっちゃいのを1個いただきました。でも、何に使えばいいのか……。アクセサリー入れにしようかな？とか思ったんですけど（笑）。死ぬことに対する意識や向き合い方が変わってきたのは、いいことだと思います。

川口　僕も終活はどんどんやったらいいって言うし、終活イベントが盛んなのもいいなと思ってるんです。でも養老孟司《ようろうたけし》さんなんかは「終活なんかしなくていい。死んだらもう訳分からんのだから、残った人に全部任しとけばいいんだよ」とか言ってて、まあ、らしいなと。

家田　幸せな方ですね。あとをやってくださる人がいらっしゃるんですから。私はよく相談を受けて弁護士の先生をご紹介するんですが、遺産相続ですごく揉《も》める人がいるんです。たとえば親がビルを1棟持っていたんですが、兄弟の中で相続金額に反対する人が一人いる。そういう揉めごとを起こさないためにも、生前にきちんとしておくことが大切ですし、自分の心の整理をつけるためにも、やったほうがいいと思うんです。

　終活ノートに、残された人生で何をしたいか、何を見たいか、どうしたいかということを書いていくと心の整理がつくということもあります。自分が入っている保険や持っている通帳などについても把握しておいたほうがいいと思いますし、「終活」という名前がついていますが、たとえば20代の方だって、明日死ぬ可能性があるんですよ。未練とか心残りなことがあると、それこそ「死んでも死にきれない」です。心残りなことは終活ノートに書くとか遺言を残すとか、そのためには心の整理をして、準備しておくと安心です。訳の分からない怖さという感覚はなくなると思いますよ。私はとにかく猫のことが心配なので、猫のことを考えます。

川口　空ちゃん、海ちゃん、天ちゃん、真魚ちゃんでしたね。もう覚えました(笑)。

家田　夫と、もし事故で二人ともいなくなったら猫はどうするかということを話し合っています。夫は「そんな話をしなくても……」と最初は言ってました。でも現実問題として万が一の場合に備えておかないと。猫のことは一番心配です。だからお願いする人に、夫と二人で頼みました。そういう話をするのは縁起が悪いという方もいらっしゃいますが、準備をしておくと「いつお迎えが来ても大丈夫」って安心です。

川口　終活っていうのは、思考実験という側面がありますよね。いついつに死ぬっていう、あくまで設定を作って考えてみようという。思考実験って考えると、深刻にならずに具体的に考えられるかもしれません。

家田　『極道の妻たち®』は私、登録商標を取ってるんです。本のタイトルには権利がないので、登録商標を取って守るしか方法がなかったんです。といっても、本のタイトルに登録商標って一般的ではありません。でも私の場合は、このタイトルは特別だから取れたんです。昨年、所属事務所の社長と、万が一、私に何かあったときは、これを受け継いでくださいっていう書面を交わしました。これからも「極妻」は放送されると思うので。

川口　なるほど。家田さんの場合はそういうのもありますか。猫のことより、もっとちゃんと考えておかないとあかんことがありそうですけども……。

家田　いえいえ。猫は一人じゃ生きられないでしょう。

川口　失礼しました。はい、分かっております。

家田　準備を進めると安心できますよね。あとは一応、私が先に亡くなったときのために、保険のことや、必要な連絡先なども整理して夫に話しています。いつも横向いてますけど。

川口　男はそういうとこあるんですよ。分かります。

家田　自分のほうが先に、1日早く死にたいって言っております。

川口　それ、さだまさし。『関白宣言』の歌詞そのままですね。

「ホスピス財団」という公益財団法人があって、そこが2023年に、死について調査した研究結果を発表してました。「あなたは100歳以上生きたいですか？」っていう質問に対して、「はい」と答えた人は22％だったんですね。「そこまではええわ」みたいな、男女ともそうなんです。で、その次の質問がおもしろくて、高齢者に訊いてるんですけど、「もし今夜、死ぬとしたら、心残りはありますか？」って聞いたら、6割ぐらいが「ある」って答えてるんです。だから、終活ブームとか言いながら、やっぱり想定してないし、準備もしてないっていうことが如実に出た結果やなと思いました。

あのちなみに、空海さんはどうやって亡くなったんでしょうか？

家田　亡くなっておりません。ご入定《にゅうじょう》されております。

川口　え？　亡くなってない？　そうですか。分かりました。今はどこにいらっしゃるんでしょう？

家田　高野山の、奥の院の奥にいらっしゃいます。でも、あちこちによく現れてくださいます。私が出来が悪いからでしょう。お遍路をやってる人の中には、「お大師さまに会った」という人が結構います。私もお遍路のときに、ヘトヘトでもうダメという状態で大師堂へ行ったら、お大師さまがエネルギーをくださって、体が一瞬で温かくなったり、淋しい場所で道に迷って困っていると、お大師さまがほかの人を使って助けに来てくださったりとか、そういう経験はあります。

川口　空海さんに会った……。歩きすぎて、頭がおかしくなってるんじゃなくて（笑）？

家田　何言ってらっしゃるんですか（笑）。

◎——尊厳死、安楽死

川口　僕は高齢期に関する研究所にいまして、いろいろ発表もしているので、それを見た方から手紙をいただいたことがあります。80代半ばの男性からでしたけど、達筆で便箋2枚に「あんた方みたいな人たちに、尊厳死や安楽死について真正面から議論をしてもらいたい」とありました。その方は、ご自分の病気が治療できなくなったら安楽死を選びたいと。その事情も書かれていました。ところが、日本ではそれは犯罪になるのでできない。早くそういう問題について、社会的な議論が起こるように頑張ってほしいというお手紙でした。家田さんはどのようにお考えですか？　とても難しい話ですけど。

家田　もし治療ができなくなったら、体に穴を開けてまで生きることは望まない。私も夫も書いてはいませんが、そういう話はしています。

川口　延命治療は拒否。「リビング・ウイル」って言いますけど、本人が書いて残していても、結局その段階になったら家族に説得されて、延命治療する人もいたりするんです。命は誰のものかというと、「命は本人のものだから本人が決めればいい」という考え方もあれば、「命は家族や親しい人たちのものでもある」という考え方もあって、難しいなと思います。

僕のばあちゃんが、認知症になりました。亡くなる前の2年ぐらいは寝たきりだったんです。うちの子どもからすると、ひいばあちゃんです。ひ孫にとってのひいばあちゃんの最期の姿が、周りの人のことも分からなくなって、ただ食べさせてもろうてるような状態で、小さい子から見たら怖かったんでしょうね。「手を握ったげて」って促しても、固まった手に触るのをビクビクしてました。ひ孫の思い出がそんなんになってしまうというのは、ばあちゃんかわいそうやなと思いました。もし、自分で死を選べる仕組みがあったら、ばあちゃんは死を選んでただろうって、あんな状態にならずに死ねただろうと。そのほうが良かったはずなのにと思っています。

家田　そうですね。尊厳死も安楽死も、しっかり議論することが必要ですが、その上で、ご本人の意思や選択を尊重するという考え方が行き渡れば変わっていくのかなと思います。海外からも学んで、制度を整備していくことが大切ですね。これからもご高齢の方が増えていきますから。

川口　日本尊厳死協会という公益財団法人があります。「終末期医療を自分で選べる社会の実現」というテーマを掲げて活動されている団体です。尊厳死——自然死とも言いますが、それを望む人たちが自分の死に方に関する意思を、元気なうちに表明しておく「リビング・ウイル」を書こうという活動です。

こちらの「中楽坊情報館」でも、尊厳死協会のセミナーが以前に開催されたと聞いていますが、一時、リビング・ウイルを書くっていう会員が10万人までワーッと増えたんですって。でもここ7、8年は、ピタッと止まったまま会員が増えていかない。協会の幹部の方にうかがいますと、日本では自分の死について自分で決めない、ヨーロッパの国々に比べたら死についての議論をものすごく避けていると言って嘆いてはりました。終活をやるのはいいことですし、死についての姿勢が変わってきたのも事実ですけど、尊厳死の問題を含めて、命は誰のものか、どうやって死ぬかといったところの議論だけは、まだまだ不十分な状態なんだろうと言えるでしょうね。

◎ お葬式は新しい出発

川口　葬儀ですが、樹木葬とか、散骨とか、直葬《ちょくそう》とか、いろいろなやり方が出てきました。葬儀のサイズも小さくなって、身内だけでというケースがすごく多い。このような変化については、どんなふうに見てらっしゃいますか。

家田　コロナのときは、お通夜《つや》や葬儀ができなくて、病院からいきなり火葬場に直行という時期があり、ほんとに辛い思いをされた方も多くいらっしゃると思います。そもそも、お葬式というのは亡くなった方の新しい出発ですから、みんなでちゃんと送ってあげる儀式です。「あなたは亡くなりました。これから新しい人生を歩んでいくんですよ」と、温かく見送ってあげる舞台を作ることが大切だと思います。

川口　葬儀は出発。ああ、そういう発想はなかったです。単にお別れの場という感じで捉えてました。

家田　亡くなった方にとっては出発です。ちゃんと送ってあげたいです。仏教には、そういう舞台を作って、これから使う名前（戒名）も差し上げて、あなたはこちらへ行ってくださいよという意味の作法や、お経があります。そういう晴れ舞台の儀式をやって送ってあげるという教えが古くからあります。

川口　そう言えば、旅立ちと言いますね。田坂広志さんの『死は存在しない』（光文社新書）っていう本に、量子科学の観点から導いた仮説が書いてあります。宇宙には「ゼロ・ポイント・フィールド」と呼ばれる場所があって、そこに世界の過去を含めてすべての出来事が記録されていると言うんです。これって、宗教で言うところの神とか仏とか、そういうのに極めてよく似ているんですよ。で、ゼロ・ポイント・フィールドには、現実世界と全く同じ世界があって、私たちは肉体が滅びただけで、そこに行ってまた生きる。これって、まさに旅立ちですね。家田さんがおっしゃること、昔から仏教が言っていることに、科学が寄ってきたような感じがします。

◎──比較しない

川口　家田さんは、宗教家ということもあるでしょうけど、老いや死の捉え方が私たちとは違いますし、明快ですね。

家田　いえ、そんなことないですよ。「死」も「老い」についても、前にも申し上げましたが、私は人とは比べないんです。人と比べることは煩悩《ぼんのう》の一つですから、辛いんですよ。

ただ、私が比べているのは、過去の自分なんです。たとえば、お遍路をやって坂道を登り続け、ゼイゼイしたときは「こんなに辛かったかな」と、前年のデータを見てみます。すると前年よりも何分か速いタイムで登っていることが分かって、だからきつかったんだと気付きます。他人と比べることはしない。でも過去の自分とは比べる。そうすると、分かること、見えてくることが明らかなんです。他人と比べると、焦ったり、うらやましいと思ったり、落ち込んだり、むかついたり、いろいろ余計なネガティブ感情しか生まれませんよね。過去の自分と比べるのであれば、冷静に今の自分のことを見つめられます。ではどうするか、と自分のために前向きに考えることができます。

川口　なるほど。

家田　でも、過去の自分と比べると言っても年齢は意識していないので、たとえば問診票などに年齢を書くときなんかは、そのたび、引き算してますね。今は何年で、私が生まれたのが何年だから……って。

川口　え、そんな人います？　まじですか？

家田　本当に忘れてるんです。年齢というものが意識の中にないんです。だから何歳になったとか、自分と同じような年齢の人と比べてとか、このトークショーでもご質問をいただきましたが、私はそういうことを一切意識していないんです。ただ過去の自分と比べて、体力が衰えていなければ、これまでどおりでいいという判断をしています。もちろんそれなりの努力は必要で、グダグダしているだけだと若くても体がたるんできます。

川口　よく分かります。ただ、人と比べるクセを取るのはかなり難しいことです。

家田　比べることは煩悩の一つですからね。ほんとに難しく、私も比べて四苦八苦しました。特にテレビによく出てた頃です。でも、いろんな欲望は、頑張ろうというエネルギーになるので、弘法大師空海も持っていていいとおっしゃっています。

たとえば、「お金を持ってる人がうらやましい」というのはいいんです。うらやましいと思えば「あの人のように私も頑張ろう」と前向きになりますから。いけないのは、お金を持ってる人を妬むことや、人のお金を盗むこと。貪欲すぎてはいけないということです。だからある程度の欲望は持っていていいんですよ。

川口　すぐには難しいですけど、比べること自体は人間にしみついた煩悩なんだから、仕方がないというか、気にしなくていい。大事なのは、それを前向きな思考や行動につなげるということですね。

家田　そうなんです。それと何か考えるのに、年齢を理由にしてはいけません。「もう年だから」「もう○歳だから」ってよく聞きませんか？　年齢を理由に諦めたりやめたりする必要は全くない。いくつであっても、やりたいこと、やりたかったことをどんどんやればいいんです。コロナ禍の4年間で、やりたいことが中断された方や、諦めた方もいらっしゃるかと思いますが、自分のペースでまたやっていってくださいね。それと、やりたいことをどんどんやっていくだけではなくって、周りの人も応援してあげてほしいと思います。「やめておきなさいよ、もう年なんだから」と言ったら絶対ダメです。

川口　そう聞いて思い出すのは、若宮正子さん。89歳で、世界最高齢プログラマーで知られている方ですけど、以前、お会いしたときに言っておられましたが、今も簡単なゲームアプリを作ったり、エクセルで服のデザインをしたりするんですって。そしてそれを、人に発表するっていうのが老いない秘訣なんだそうです。作って発表して評価を受ける。この繰り返しをしてらっしゃる。講演会でも、聴衆の皆さんに盛んに、スマホやりましょう、歩きましょう、何々しましょうって呼びかけておられました。

家田　いいですね。そういうことなんです。おそらく年齢を理由にして逃げたりするという発想がないんですよね。ただ、皆さん体が資本ですから、体だけはしっかり大切にしてあげてください。その上で、他人と比べず、年のことなんか意識せず、いろんなことに挑戦してほしいと思います。

川口　家田さん、そろそろ時間が来てしまいました。6回にわたるトークショー、お疲れ様でした。勉強になりました。ご参加された皆さんにも楽しんでいただけたと思います。

本当に、ありがとうございました。これで終わりにしたいと思います。

家田　ありがとうございました。

※ご真言の文字表現は高野山専修学院監修・編輯の『真言宗常用経典』による。

鯖大師：四国別格二十霊場第四番札所八坂寺（海陽町）に伝わる伝承。塩鯖を積んだ馬を連れた馬子が、その鯖を欲した僧（弘法大師空海）を邪険に扱うと、馬が苦しみだした。馬子が僧に謝り鯖を与えると、馬は元気になったという。

親ガチャ：子どもが親を選べないということを、ゲームの「ガチャ」にたとえていう言葉。

おわりに

　このトークショーを通じて、家田さんは「他人と自分を比べないことが大事」と何度もおっしゃった。この世に生まれた人には、皆にそれぞれ異なるお役目がある。それぞれのお役目を果たせばよいわけであって、競い合ったり、勝った負けたと考えたりする必要は全くない。そういう趣旨だ。

　たしかに私たちは、すぐに他者と自分とを比べる。子どもの頃から勉強や運動で順位をつけられて、少しでも上を目指すよう指導をされた。大学受験では偏差値に、就職でも人気企業ランキングなどに振り回され、会社では営業成績がグラフになって掲示されていたり、半年に1回は業績や頑張り具合を評価され、点数化されて比べられる。望ましい結婚相手は「三高」とか言って、年収・身長・学歴といった属性を比べる。挙げればキリがないほど、私たちはとにかく比べている。日本人は特に〝ランキング〟が好きらしいから、比べるのがもともと好きなのか、あるいはえらく他者を気にする民族だからなのか。

もちろん、比べることは、もっと頑張ろうという意欲につながる面があり、その点は家田さんも認めておられたが、やはり苦しみの原因になっているケースは多いだろう。人と比べるから自分のできなさ、ツキのなさ、恵まれなさ、努力不足といったネガティブな部分に焦点が当たってしまう。そして、世の中には、上には上がいるのだから、他人と比べているとほとんどの人が苦しんでしまうことになる。

家田さんは、「過去の自分と比べればよい」と言われた。それなら落ち込んだりしない。他人と比べるから劣等感を抱くのであって、過去の自分が比較対象ならそうはならない。逆に、空虚な優越感に浸ることもない。落ちていようが良くなっていようが、自分のことだから冷静に理解できるし、だからその後の対策も立てやすい。

たとえば、私はハゲているのだが、同年代で髪の毛フサフサの人と比べたら、「なぜ私はこんなに髪の毛が抜けているのだろう……」と考えてしまう。しかし、1年前の自分と比べてみれば、「まあ結構、耐えているほうじゃないの?」と楽観的でいられる。そして、ハゲにはハゲのお役目もあるんだよっていうような前向きな言葉が浮かんでくる。

（お役目の中身は模索中である）。さらに、「あんなに髪の毛があったら、いろいろと大変だろうな」とフサフサの人に同情してしまうくらい、ポジティブな思考に変わってくる。（それは人と比べてしまっているのだが……）。これが、他者ではなく過去の自分と比べることの効果である。（たとえに失敗したような気もするが、どうだろうか）。

年をとればとるほど、得意なことと苦手なことが明確になっていき、個性もくっきりとしてきて、人は多様になっていく。それが証拠に、〝似たような若者〟はたくさんいるが（アイドルグループは、誰が誰か区別がつかない）、〝似たような年寄り〟というのはいない。（クセが強いという共通点はあるが、クセの中身はバラバラである）。バラバラのものに一つのモノサシを当てて測ろうとすることに意味がないのと同じで、年をとったら多様になるから、人と比べるのはそもそも無理があるのである。だから、いい年になって勝った負けたは見苦しい。互いの美点を褒め合うのが正解だ。

高齢期に幸福感が高まっていく現象は世界共通に見られ、「加齢のパラドックス」と呼ばれている。身体的な機能の衰えや様々な喪失を経験するのに、なぜ幸福感が高まるのか。これにはいろいろな説明が行われているが、年をとると、だんだんと他人と自分を比べなくなるからかもしれない。同じ土俵で勝ち負けを争うような幼い姿勢が薄れていき、それぞれの違いを認めて互いを褒め合うようになると、結果として皆が幸福を感じやすくなる。そういうことのような気もする。（「加齢のパラドックス」を説明する「褒め合い仮説」として提唱することにしよう）。

さて、今回のトークショーは、考えてみればもう二度とないような経験だった。家田荘子さんと9時間もしゃべったのである。第1回が終わったあと私は疲れ切り、「あと5回もあるのか」と、本当に先行きが不安になったが、最終回には「もうちょっとしゃべりたいな」と思った。最終回の終盤になって、まだまだ訊いてみたいこと、話し合ってみたいことが自然に湧いてきた。最終回を終えたあと、家田さんはご自身のXに、「川口さんと息が合ってきたと思ったらもう終わり。残念です。」と投稿しておられた。それを見て、心からホッとしたのを覚えている。

最後になったが、このようなトークショーへの出演機会をいただき、全6回の運営にも尽力いただいた、シニア向け分譲マンション「中楽坊」様、日頃いろいろと教えていただいている「中楽坊」の入居者の皆様、老いの工学研究所の活動を応援してくださっている法人・個人の皆様に心から感謝を申し上げたい。そして家田さん、ありがとうございました。

川口雅裕

2025年2月

トークショーを終えて

老いの工学研究所の理事長・川口雅裕さんは一体、老いのどんな研究成果を語られるのだろうと、初めての対談のとき、私は興味津々で、シニア向け分譲マンションで有名な「中楽坊」さんの情報館へ向かいました。

「老い」について、研究し創造し実現するという研究所理事長の川口さんは、さぞかしおカタい方とイメージをしておりましたら、真反対。

失礼ながら「大阪のジェントルマン《おっちゃん》」と、ひと目で判り、とても安心したことを半年6回にわたる対談を終えた今でもしっかりと覚えています。

最初のうちは、ぎごちなさもお互いあったのですが、いつのまにかその場に慣れてきて、といいますか、会場の参加者さんの笑いが和らげてくださったといいますか、楽しくなってきて、時間が足らなくなってしまったほどです。

楽しい話は、本文の中にも盛り込まれているので、今、あとがきから先に読まれている方は、本文のほうからぜひお読みくださいね。

では楽しい話でないほうの話をします。私がこの6回にわたる対談後、特に心に残ったワード第1位は「不安」でした。

実は私は、6回にわたるこの「人生お遍路対談」で多くの人々が、四苦八苦の四苦・生老病死の生以外、つまり老病死に対して大きな不安を抱いていることを初めて知ったのです。

潔癖で細かいところがある反面、すごく大雑把な私は、あまり将来のことに不安を抱かずに生きてきました。

芸能界は高校1年生のときから、作家界は22歳のときからと、私は古くからその世界に居たのですが、いわゆる「男尊女卑」時代を突っ走ってきました。バッシングや足引っ張り、裏切りもとても多く、今を生きること、今を生き貫くことに誰もが精一杯だったように思います。

時代が変わり、私が苦しんできたことは今や全て「ハラスメント」に当たるようにな

り、穏やかな日々が訪れたとき、

（私は、これから何年生きるつもりでいるんだろう）

と、「衣装部屋」と名付けているスーツと靴でいっぱいの一室を眺めながら愕然《がくぜん》としました。マスコミからバッシングを受けるたび、負けちゃならないと、明るい色のスーツを着てつっぱっていたのです。

気に入ったスーツは、バッシングがなくなってからも2回、3回とスタイルをその時代に合わせてリフォームしながら、最長20年以上、未だに着こなせています。スーツのほうも、「もっと着させろ」と言っているようですが、あと何年、私に着てもらえるつもりでいるのでしょうか。

私は、大好きなスーツたちから「あと何年？」と将来のことを考える機会を貰いました。

といっても老、病、死に対しての不安などネガティブなことは全く浮かびません。

深く考えることの苦手な私は、ただ、この大量のスーツを何とかするのがめんどくさいだけでした。

では、皆さんは何を不安がったり怖かったりを感じているのだろうか——と、対談で質問をいただくたびに深く考えるようになりました。

私も、病気は嫌です。10年以上前に大病に罹《かか》り、そのとき、「仕事をしながら病気と一緒に変わらず生きる」ことができるかやってみようと、1年8カ月かけて決心したのです。一切公にせず、当時のテレビのセミレギュラー番組も、入院中、外出許可を得て出演しに行ったりと大変でしたが、自ら実験台となって、こなしていました。あの大変さを再び……となると、辛さを解っているだけに本当に大変なので、大病の2度目はいらないと、それはそれは体のことを大切に思いやれるようになりました。

生まれた時から一緒にいる私の体に対して思いやりを持ち、心底から心と体が仲よしになれたのは、その大病のおかげだったと思います。

あとはどんな不安候補があるのか……と考えてみました。初めてのことだけに人生の幕をどのように閉じるかについては興味がありますし、体や肌の老いに対して、どんな画期的な商品やサプリメントが出てくるか……（もう少し遅く生まれていたら、もっといい化粧品に若くして出逢えていたのに）などは思いますが、不安ではなく、これから先の楽しみでもあります。

もう一つ最近、楽しみが増えたんです。

昨年、田舎の両親が、やっと施設に入ってくれました。頑なに3年間拒否をし続け「死ぬまで家に居座る」と言っていた父親ですが、タイミングよく新築の施設に入れることができ、至れり尽くせりで、初めての個室生活になった途端、笑顔で毎日をすごしているのです。

そういうことから先の住まいに興味が湧きました。そこでシルバー向け分譲マンションというものを自分の将来のために見ておきたいと、対談でお世話になった中楽坊さんのマンション見学に行ってみたのです。

「大阪人」というキャラクターも十分に関係していると思うのですが、皆さんが笑顔で、楽しそうにお喋りをされていました。喜びも悲しみも共有し合い、助け合ってマンション生活を送っていらして、私も笑顔にしてもらえました。

親しくなりたがらない、干渉し合わない、外国人の増えた一般のタワーマンション暮らしと違って、一つの小さな町のように私には温かさが感じられました。

明日、目が覚めなくても、何日も気づかれない心配もありません。最期は、「放っといてくれない」大阪に住所を移してみたいという楽しみが私にも生まれ、ちょっとドキドキできました。

最期と言いましたが、自分だけ150歳まで生きても、知り合いは、みーんないなくなっちゃうし、自分の体はやっぱり衰えているでしょうし、人並みに私も死を迎えたいと思っています。興味があるのは、その最期の迎え方です。一人ひとり違うと思うのです。

私は、本文中にもありますように視《み》えないとされている者たちが、いつもではありませんが必要のある時々に限って視えます。

私は命の幕を閉じたら、浅草の千束《せんぞく》(台東区)へ遊びに行こうと決めています。私が1999年から毎月、吉原供養をさせていただいているのは、新吉原遊郭内の池の跡地で、吉原神社奥社のある場所です。100年以上前、この新吉原遊郭内に、深さ約4メートルの大きな池があったと言われています。今残っているのは、池の一部のごく小さな池で、改修を重ね、今風になっています。

ここは1923年9月1日、関東大震災が起こったとき、500人以上の遊女が火事から逃れるために次々と池へ飛び込み、命を落とした場所です。

その供養を毎月させていただくこと、２０２５年で28年目になるのですが、今、成仏せずに残っている遊女たちも、

「別に完全に成仏しなくっても、今は体が軽くなって楽しいから、ここでいいわ」

と、くつろいでいます。かつては人の近づかない荒地でしたが、今はボランティアで奉仕してくださる皆さんによって、四季おりおり花がいっぱい咲くステキな場所に変わりました。

数年前、お経をあげながら、ふと上を見上げたら、木々の枝の間から見えた東京の下町の空が、とてもきれいでした。１００年以上前、遊女たちと一緒に空を見上げて笑っている自分の姿が浮かびました。（楽しそう……）ということで、私も命の幕を閉じたらここに来て、みんなと一緒に遊ぼうと、あの世の行く先を決めちゃったのです。

老、病、死を受け入れることができたら、苦しみから逃れられたり、楽しいことに変わります。そのためにどうしようかと前向きにものごとを考えていくこともできます。

苦しみや悲しみといった感情も私たち自分持ちです。これを変えたり少なくしたりでき

るのは、あくまでも自分の心の持ち方次第です。

今をどうするか、それを考え今を一生懸命生きること。そして私にできることは何かと、いわゆる「お役目」を積み重ねていくと、不安は軽減するのではないかと思います。今が「自分らしく生きられる」チャンスです。その時期がついに訪れたのです。人と比べず、何がしたいか、どうすごしたいか、自分の好きなように生きてみたら、きっと楽しめると思います。

人それぞれ状況が違いますから、体が言うことを聞いてくれないとか、家族が……とか、いろいろと生きているからこそ起きることはあります。でも、そういう状況の中からでも自分らしく生きられる方法はきっとあると思います。吉原の遊女たちが苦界《くがい》といわれる世界で働きながらも、楽しいことや光を見つけようと前を見つめていたように……。

ネガティブなことばかり考えていると貧乏神や、病原菌が寄って来てしまいます。前を向こうと思ったときからポジティブな人生に替われるのです。

どうせ一度きりの人生、自分らしく自分の歩幅で歩んで行きませんか？　とやかくうるさく言う人が、貴方の人生の責任を持ってくれるわけではありません。全て自分持ちです。だったら、社会生活を尊重しながら、自分なりの道を歩みながら作っていってください。年齢制限はありません（笑）。

家田荘子

2025年2月

装幀

クリエイティブディレクション　奥村靫正（TSTJ Inc.）

アートディレクション&デザイン　出羽伸之（TSTJ Inc.）

《著者略歴》

家田荘子（いえだ　しょうこ）

作家・僧侶（高野山本山布教師）、ノンフィクション YouTuber。日本大学藝術学部放送学科卒業、高野山大学大学院修士課程修了。

女優、OL など10以上の職歴を経て作家に。1991年、『私を抱いてそしてキスして～エイズ患者と過した一年の壮絶記録』で大宅壮一ノンフィクション賞受賞。2007年、高野山大学にて伝法灌《でんぽうかん》頂《じょう》を受け、僧侶に。住職の資格を持つ。高野山の奥の院、または総本山金剛峯寺にて駐在（不定期）し、法話を行っている。

著作は『極道の妻《つま》たち®』『歌舞伎町シノギの人々』『四国八十八ヵ所つなぎ遍路』『女性のための般若心経』『少女犯罪』など138作品。近著は『熟年婚活』（角川新書）、『別れる勇気』（さくら舎）、『大人処女』（祥伝社新書）。

人生の探究や怪談など、元気の出る対談を YouTube「家田荘子ちゃんねる」にて配信中。

高野山高等学校特任講師、高知県観光特使、大阪府泉佐野市観光大使、二十七宿鑑定士。

川口雅裕（かわぐち　まさひろ）

NPO 法人「老いの工学研究所」理事長。1964年生まれ。京都大学教育学部卒業。

株式会社リクルートコスモス（現株式会社コスモスイニシア）で、組織人事および広報を担当。退社後、組織人事コンサルタントを経て、2010年より高齢社会に関する研究活動を開始。約２万人に上る会員を持つ「老いの工学研究所」でアンケート調査やフィールドワークに取り組むとともに、高齢期の暮らしに関する講演や、様々なメディアで連載・寄稿を行っている。

著書に『なが生きしたけりゃ居場所が９割』（みらいパブリッシング）、『年寄りは集まって住め～幸福長寿の新・方程式』（幻冬舎）、『だから社員が育たない』（労働調査会）、『速習！看護管理者のためのフレームワーク思考53』（共著、メディカ出版）などがある。

老い上手

僧侶と高齢期の研究者が語り合ったこと

2025年３月26日　第１版第１刷発行

著　者　家田荘子
　　　　川口雅裕

発　行　株式会社ＰＨＰエディターズ・グループ
〒135-0061　東京都江東区豊洲5-6-52
☎03-6204-2931
https://www.peg.co.jp/

印　刷
製　本　シナノ印刷株式会社

ISBN978-4-910739-69-4